Berndt Schulz

Zu Gast im Orientexpress

Berndt Schulz

Zu Gast im Orientexpress

Reisen und Speisen zwischen London und Konstantinopel

„Er war ein Nachtzug, dem die Hunde hinterherbellten, aber nicht hinterherrannten“ (Jean Giraudoux)

Die Deutsche Bibliothek – CIP-Einheitsaufnahme

Schulz, Berndt:
Zu Gast im Orientexpress: Reisen und Speisen zwischen London und Konstantinopel/Berndt Schulz. – Weingarten: Weingarten, 1998
ISBN 3-8170-0037-5

Satz: Riedmayer GmbH, Weingarten
Reproduktionen: Repro-Team GmbH, Weingarten
Gesamtherstellung: Gerstmayer Offsetdruck GmbH & Co, Weingarten
Printed in Germany
ISBN 3-8170-0037-5

Plakat 1920–22

Inhaltsverzeichnis

Vor der Abfahrt		7
Das goldene Pullman-Zeitalter		17
Erste Stationen:	London, Victoria Station, 10 Uhr vormittags	20
	England à la Carte	23
	Ein Gala-Menü auf englischem Boden	25
Zweite Station:	Paris, Gare de l'Est, 19.20 Uhr abends	30
	Frankreich à la Carte	33
	Ein Gala-Menü auf französischem Boden	36
Dritte Station:	München, Hauptbahnhof, 10.25 Uhr vormittags	42
	Deutschland à la Carte	44
	Ein Gala-Menü auf deutschem Boden	47
Vierte Station:	Zürich, Hauptbahnhof, 14.20 Uhr nachmittags	52
	Schweiz à la Carte	54
	Ein Gala-Menü auf schweizer Boden	58
Fünfte Station:	Venedig, Hauptbahnhof, 12 Uhr mittags	66
	Italien à la Carte	67
	Ein Gala-Menü auf italienischem Boden	71
Sechste Station:	Wien, Westbahnhof, 18.50 Uhr abends	76
	Österreich à la Carte	80
	Ein Gala-Menü auf österreichischem Boden	84
Siebte Station:	Budapest, Ostbahnhof, 23.20 Uhr nachts	88
	Ungarn à la Carte	90
	Ein Gala-Menü auf ungarischem Boden	93
Achte Station:	Bukarest, Hauptbahnhof, 18.55 abends	97
	Rumänien à la Carte	101
	Ein Gala-Menü auf rumänischem Boden	104
Neunte Station:	Belgrad, Hauptbahnhof, 6.20 Uhr morgens	110
	Serbien à la Carte	112
	Ein Gala-Menü auf serbischem Boden	114
Zehnte Station:	Sofia, Hauptbahnhof, 16.34 Uhr nachmittags	118
	Bulgarien à la Carte	121
	Ein Gala-Menü auf bulgarischem Boden	124
Elfte Station:	Istanbul, Sircesi-Bahnhof, 11.30 Uhr mittags	128
	Türkei à la Carte	132
	Ein Gala-Menü auf türkischem Boden	135
Menüs und Morde im Orientexpress. Der Luxuszug in Literatur und Film		138
Vor der Ankunft		141

Vor der Abfahrt

Er war der erste große Expresszug, der erste Hotelpalast auf Rädern, man nannte ihn den Zug der Könige und den König der Züge. Er führte als „Simplon-Orient-Express" die legendären teakholzgetäfelten Waggons der Klasse „R" oder danach die blauen Ganzstahl-Schlafwagen der Luxusklasse „S". Mit dem Orientexpress liefen der Pullman-Salon-Wagen, Speisewagen, Bar-Wagen, ein Rauchsalon, ein Damenboudoir, eine Bibliothek und Wagen mit Bad-Duschkabinen, und neben jedem Abteil lag ein „cabinet de toilette".

Berühmt wurde der Orientexpress schon allein durch seine äußere Aufmachung – ja durch seine Farben. Neben dem braunen Teakholz und dem Blau der Speisewagen bei der Betreibergesellschaft „Compagnie Internationale des Wagon-Lits" (CIWL), existierten Pullman-Züge mit ihrem Braun- oder Blau-creme und ovalen Türfenstern, die britischen Pullman-Wagen trugen Flaschengrün, Braun-creme oder Blauweiß, die deutschen Wagen vor allem der Mitropa verkehrten in Bordeauxrot.

Der Orientexpress war jedoch vor allem berühmt durch seine mehr als dreistündigen Gala-Dinners bei Kerzenschein, die eine Fahrt mit ihm zu einer lukullischen Kreuzfahrt in einem Grand-Hotel auf Schienen machten.

Die Küche dieses berühmtesten aller Züge war im Speisewagen, manchmal sogar in einem separaten ehemaligen Packwagen untergebracht, alle Gerichte wurden stets frisch im Zug zubereitet – und zwar lange Zeit auf einem kohlegefeuerten Herd! Seine ausgezeichnete – bei den fünfgängigen Menüs stets französische – Küche, untadeliger Service, absolute Pünktlichkeit und nostalgische Dampflokomotiven – nach seiner Elektrifizierung nur auf bestimmten Streckenabschnitten, vor allem im Balkan – waren, zusammen mit dem raffinierten Luxus seiner Ausstattung, die Basis seines Ruhms.

Der erste dieser Luxus-Züge, mit noch reduzierter Ausstattung, setzte sich – nach einer Probefahrt am 5. Juni – am 4. Oktober 1883 in Paris in Bewegung, da hieß er noch „Express d'Orient", seit 1891 „Orient-Expreß". Er wurde gezogen von einer 2-B der „Est" und besaß den „klassischen Lauf": zwei Gepäckwagen (Serie 1001–1004), ein Salon-Restaurant-Waggon (Serie 151–153), zwei Schlafwagen (Serie 131–137) – insgesamt 75 Meter Länge. Er fuhr mit einem Zubringer aus London von Paris nach Bukarest. Von hier aus ging es auf abenteuerlichen und auch gefährlichen Wegen über dreihundertfünfunddreißig Kilometer zu Land nach Konstantinopel, dem heutigen Istanbul, oder auch auf nicht weniger anstrengenden Pfaden bis Varna und von dort aus auf dem Schwarzen Meer in die Türkei.

Die Gefährdungen dieser ersten Zeit hafteten seinem Image auch später noch an. Erst nach 1889 war das türkische Streckennetz so ausgebaut, daß die Reisenden im Zug bis nach Konstantinopel, der Hauptstadt des osmanischen Reiches, durchfahren konnten – dies geschah zunächst einmal, nach Bedarf auch zweimal pro Woche, ab 1900 dreimal und elf Jahre später viermal in der Woche.

Um jeden der drei klassischen Züge – Orient-Express, Simplon-Orient-Express (oder „Venedig-Simplon-Orient-Express"), Arlberg-Orient-Express, ranken sich viele mysteriöse Geschichten, Fakten, Legenden und Liebeslegenden. Politik, Diplomatie, Hochfinanz, Kunstwelt, Halb-

Pullman-Wagen mit Koch

welt und große Gesellschaft haben sie geschrieben. In Filmen und Romanen wurden diese Geschichten unterhaltsam ausgeschmückt.
Aber auch in der Realität reisten im Zug berühmte Könige, Thronfolger, Prinzen, Staatsmänner, Leinwandstars, Waffenhändler, Spione, Abenteurer und Gangster, es passierten im Orient-Express Intrigen, Dramen und Liebesdramen, ja Entführungen und Mordversuche. Einmal transportierte ein Armenier auf der Flucht vor rasenden Türken seinen bedrohten Säugling in einem aufgerollten Teppich, dann wieder mußte die junge Gattin des geisteskranken Herzogs von Marchesa vor ihrem allzu entschlossenen Gatten gerettet werden; ein andermal stürzte ein amerikanischer Militärattaché in Bukarest aus dem fahrenden Zug hinaus, in den Tod. Ein weiterer Geheimnisträger verschwand während eines Halts auf freier Strecke spurlos aus der Gästeliste.

Ein ums andere Mal geriet der Zug in Katastrophen und Naturkatastrophen, in Bürgerkriege, in räuberische Überfälle, in Cholera-Epidemien oder in die Scharmützel internationaler Verwicklungen, jede Menge Attentate wurden auf ihn verübt. Im Jahr 1931 sprengte ein Verrückter die Lokomotive während der Fahrt und die Hälfte des Zuges stürzte von einem Viadukt in die Tiefe, eben als drinnen – in der Hälfte, die auf dem Viadukt stehen blieb – Josephine Baker „J'ai deux amours" sang. Auf den ersten Fahrten trug jeder Reisende, der etwas auf sich hielt, einen geladenen und entsicherten Revolver in der Hosentasche. Deshalb ist es kein Wunder, daß diesen Luxuszug eine geheimnisvolle und abenteuerliche Aura umgibt.
Der Orient-Express fuhr in der Original-Version von 1883 bis 1914 und nach dem Ersten Weltkrieg mit Unterbrechungen weiter bis zum Ausbruch des Zweiten Weltkriegs am 1. September 1939. Nach diesem verheerenden Krieg bemühten sich die Betreiber sofort wieder um seinen Einsatz, und der Zug fuhr – zunächst auf verkürzten Strecken – bereits wieder ab November 1945 nach Venedig und ab 1962 als Direct-Orient-Express, anstelle des alten Simplon-Orient über Umsteigebahnhöfe auch zum Sircesi-Bahnhof nach Istanbul weiter. Bis in die Gegenwart flackerten danach teilweise durchaus erfolgreiche Versuche auf, ihn erneut auf die Reise zu schicken. In der Zeit des Kalten Krieges fuhr er regelmäßig, und zwar als einer von insgesamt nur drei europäischen Zügen, die den Eisernen Vorhang durchbrechen durften. Manchmal existierte nur noch sein Name. Manchmal auch fuhr er auf der alten Strecke, aber unter einem anderen Namen.
Die Beharrlichkeit des Projektes „Orient-Express" war immer bewunderungswürdig.
Der eigentliche Orientexpress scheint also tot. Mit der Erschließung neuen Komforts in der Luft und auf dem Wasser, schien die hochbürgerliche Zeit des Bahnreisens vorbei. Aber das täuscht.

Als Direct-Orient, als Nachfolgeversion dieses Zuges und durch Waggons die von der „Compagnie Internationale des Wagon-Lits et du Tourisme" in Paris in eigenen Werkstätten restauriert wurden und werden lebt er weiter. Für die neuere Zeit ist die Geschichte des Direct-Orient bemerkenswert. Kurz vor 1970 war dieser Zug die einzige direkte Verbindung zwischen Paris und Istanbul. Er fuhr allerdings rund 55 Stunden und 32 Minuten mit einer Durchschnittsgeschwindigkeit von 62 km/h – fast ein Bummelzug durch den Balkan, den Gastarbeiter benutzten und der an 68 Bahnhöfen hielt! Ende 1976 – das Fahrgastaufkommen war inzwischen um 20 % zurückgegangen – galt der Direct-Orient als langsamster internationaler Zug. Sein

Komfort war bescheiden, der Schlafwagen vom Typ MU, den die CIWL bereitstellte, besaß 26 Plätze – für den ganzen Zug.
Aus diesen Gründen kam sein Ende kaum überraschend. Am 20. Mai 1977 machte er vom Gare d'Lyon aus mit dem „Voiture Lits", dem Schlafwagen der CIWL, gezogen von der grünen Lok „2 D2 9102" seine letzte Fahrt zwischen Paris-Ost und Istanbul. Wie es seinem Ruf geziemte hatte er ganze 17 Minuten Verspätung. Danach fuhr er abends – und fährt bis heute, Anfang 1998 – um 23.15 Uhr aus dem Bahnhof Paris-Ost nur noch über Wien nach Budapest und Bukarest. Auf der Donauachse existierte er in seiner blaugrauen Farbe mit weißen Streifen weiterhin, wenn auch mit bescheidenem Komfort.

Zahlreiche Liebhaber des Zuges wollten nach dem Ende des Direct-Orient die Idee retten. Acht Tage nach seiner letzten durchgehenden Fahrt fand von Paris-Bercy aus die erste vieler folgender, privat organisierte Nostalgiefahrt mit Pullmann-Salon-Wagen und Kino in den Orient statt. Am Klavier saß der Chefkoch der CIWL, Monsieur Orlandini. Auf dieser ersten der folgenden Nostalgie-Kreuzfahrten hielt der Zug in Venedig, Belgrad, Sofia und Konstanza.
Dank der Initiative des Unternehmens Albert Glatt in der Schweiz, der ab Oktober 1976 Wagen der 30er Jahre aufkaufte und renovieren ließ fuhr bald der „Arlberg-Orient" wieder ab Zürich nach Istanbul. Am 7. Oktober 1977 fand in Monaco eine Versteigerung statt. Der Director der Außenbeziehungen der CIWL, Monsieur Jean-Paul Caracalla versteigerte 5 Wagen des alten Zuges die nun einen speziellen Zug zwischen Nizza und Monte Carlo bildeten. Die CIWL restaurierte und restauriert bis heute alte Wagen und stellt sie für private Kunden zur Verfügung. So entstanden im Jahr 1991 neun wunderschöne Wagen aus der Zeit von 1925–29 neu.

Auch ein nordamerikanischer Unternehmer und Eisenbahnliebhaber ließ den Zug im alten Glanz wieder auferstehen. James Sherwood investierte in Großbritannien 11 Milionen Pfund Sterling in die von der CIWL restaurierten Originalwaggons. Als Ergebnis dieses Engagements feierte der „Venedig Simplon Orient Express" (V.S.O.E), der zwischen den Jahren 1919 und 1914 (Jungfernfahrt am 11. April 1919) mit seinen reichverzierten Waggons bis nach Venedig und von dort über Jugoslawien nach Istanbul gelaufen war, im Jahr 1982 seine glanzvolle Wiederauferstehung. Dieser heute noch engste Verwandte des Originalzuges, läuft mit Fahrzeugen aus den 20er und 30er Jahren auf der Strecke London-Folkstone-Boulogne-Paris-Zürich-Mailand-Venedig. Mit französischer Küche, einer Piano-Bar, Pullman-Salonwagen, Schlaf- und Speisewagen und hoher Pünktlichkeit ist dieser Luxuszug für die Geschäftswelt entworfen worden. Er verkehrt nach Fahrplan, wenn auch auf private Bestellung, und zwar in der Hochsaison dreimal die Woche (Fahrzeit 25 Stunden). Hochrangige Plakatkünstler der 30er Jahre arbeiten für die Bewerbung dieses Unternehmens.
Als nostalgischer Sonderzug in der Ausstattung der 30er Jahre, existiert der Orient-Express heute auch noch in einer anderen Version. Dies ist der „Nostalgie-Orient-Express", der, nach vielen Experimenten mit unterschiedlichen Namen und Routen, Paris via Zürich mit Istanbul verbindet. Dieser aus 15 Wagen bestehende Zug startete – unter der damaligen Ägide von Albert Glatt – erstmals zu Kreuzfahrten 1976 als Nostalgie-Express von Mailand nach Istanbul sowie von Zürich über die Tauern nach Istanbul. Seit 1. Oktober 1983, zur Feier des einhundertjährigen Bestehens des Orientexpresses, fährt dieser nostalgische Luxuszug als regelmäßiger „Le Centenaire", den man chartern kann, auf der

traditionellen Simplon-Orient-Express-Strecke. Er folgt teilweise der alten Route, bezieht jedoch auch neue Anlaufpunkte und Städtebesichtigungen mit ein und läuft nicht nach Fahrplan. Seine Ausstattung – beispielsweise die berühmten Glasreliefs von René Lalique, die heute noch in den beiden Wagen Nr. 4158 und 4164 zu bewundern sind – übertrifft in puncto Ästhetik, hygienischem Komfort und technischer Ausstattung den alten Originalzug noch. Die Schlafwagen vom berühmten Typ Lx 10 („Voiture de Grand Luxe", mit insgesamt 10 Schlafplätzen) aus dem Jahr 1929 haben ausschließlich Einzel- oder Doppelabteile, besitzen ausreichend Duschkabinen und umfassenden neuzeitlichen Standard. Die Pullman-Salon-Waggons sind blaucreme gestrichen, während der Speise- und der Gepäckwagen in Marron-Creme und die Schlafwagen in Blau gehalten sind.

Wir wollen uns in diesem Buch auf die Fahrt im alten Orientexpress konzentrieren, wie er bis 1914 (und danach noch einmal bis 1939) fuhr. Dabei haben wir einige der wichtigsten – nicht alle – klassischen Haltebahnhöfe ausgewählt. Und wir stützen uns auf die beiden Stamm-Routen des Zuges, die eine von Paris über Mailand, Venedig, Belgrad und Sofia, die andere über Wien, Budapest und Bukarest bis Konstantinopel bis zum Jahr 1914. Dazu gehören auch der schon genannte Simplon-Orientexpress von 1919 und der Arlberg-Orientexpress (Paris-Zürich-Innsbruck-Wien-Budapest-Belgrad-Nisch-Sofia-Istanbul) aus dem Jahr 1923, die alle drei – mit unterschiedlichen Zubringerzügen und Anlaufbahnhöfen – in Paris begannen und mit erneut unterschiedlichen Zubringern in Istanbul endeten. Die klassische Strecke ging aber mit Anschlußzügen auch weiter nach Madrid, nach Neapel, nach Athen – ja, seit 1912 mit einem Anschlußzug von Wien bis Triest und von dort auf dem Schiff bis nach Kairo und von Istanbul aus weiter nach Bagdad und Teheran. Der wichtigste deutsche Bahnhof auf dieser klassischen, durchgehenden Stammroute nach Kleinasien, in den Orient, war München, Hauptbahnhof. Auf alternativen Routen hielt der Zug jedoch auch in Karlsruhe und Stuttgart, wie der in den 30er Jahren fahrende London-Bukarest-Express, mit Kurswagen Istanbul oder auch der ab 1977 laufende Nostalgie-Orient-Express Stuttgart-Tauern-Istanbul. Auf die weiteren Verzweigungen des Orientexpresses wollen wir hier nicht weiter eingehen. Die Reise, die wir antreten, beginnt in den ersten Jahren des Orientexpress, als sie noch abenteuerlich wie keine andere war. Der Fahrplan, den wir benutzen, ist allerdings der von der Jahrhundertwende – genauer der von 1902, als der Zug regelmäßig und auch extrem pünktlich verkehrte. In den Jahren danach änderte sich der Fahrplan aller Züge zwischen Paris und Istanbul immer wieder.

Nachdem im Oktober 1882 ein leerer Versuchszug, bestehend aus Schlaf- und Speisewagen zwischen Paris und Wien verkehrt war, und im Juni des darauffolgenden Jahres der erste „Express d'Orient" lief, startete der erste, komplette Orientexpress bestehend aus zwei Schlafwagen, einem Speise-Salonwagen und zwei (!) Gepäckwagen, in Paris am 4. Oktober 1883. An Bord waren 24 privilegierte Männer aus den einschlägigen Kreisen der Wirtschaft, der Politik und der Medien. Um das Wohl der Gäste kümmerten sich ein Chef de cuisine, plus drei Souschefs und weitere drei Mann Besatzung, dazu noch zwei Geschirrwäscher, die auch Kartoffeln schälten und Gemüse putzten. Eine Kompanie bedresster Stewards las den Reisenden jeden Wunsch von den Augen ab.

Veröffentlichung von 1898

Als der regelmäßige Linienverkehr eingerichtet worden war, verband der Orientexpress den kleinasiatischen Hinterhof Istanbul, den er zunächst noch von Bulgarien aus mit einem gewöhnlichen Zug, der „Orientbahn", und von Varna am Schwarzen Meer mit dem Dampfer nach Konstantinopel, ab 1889 jedoch durchgehend erreichte, mit dem europäischen Haus. Manche Reisenden sahen das jedoch auch anders. Für sie war die Fahrt eine aus der mitteleuropäischen Gegenwart heraus in die kleinasiatische Vergangenheit, eine Zeitreise also, die vom Alltag in das Abenteuer führte. Dies war die Haltung, die den einzigartigen Ruhm des Orientexpresses ausmachte, der nicht nur Legende war.

Die Idee zu diesem elegantesten und berühmtesten Zug aller Zeiten war einst einem gewissen Georges Nagelmackers gekommen, einem 1845 in Belgien geborenen (und 1905 bei Paris verstorbenen) Bankierssohn. Der begeisterte Zugnarr stellte sich einen Palast auf Rädern vor, in dem der Gast für sein Geld Schnelligkeit, Ruhe, Schlaf, Bequemlichkeit, Augenschmaus und Gaumenfreude bekommen sollte, – damals eine neue und zunächst stark angezweifelte Idee, die dann jedoch Eisenbahngeschichte machte. Und das revolutionäre seines Zuges war besonders, daß er als „diplomatisch immunes" Vehikel durch mehrere, durchaus nicht befreundete, Länder lief, in der Oberhoheit eines einzigen Unternehmens verblieb, und nur die Loks und das technische Personal wurden aus den gerade durchfahrenen Ländern rekrutiert. Das war in den Gründerjahren, den Jahren des oft verbohrten Nationalismus, ein vor allem auch politisch durchaus einzigartiges Unterfangen.

Seit der allererste europäische Schlafwagen mit Nagelmackers und seiner „Compagnie Internationale des Wagons-Lits" (CIWL) Initiative in Betrieb ging, war auf den Schienen nichts mehr wie zuvor. Eine mehr als dreitausend Kilometer lange Zugverbindung wurde ins Leben gerufen, die, wie gesagt, auf fremde Lokomotiven des gerade durchquerten Landes angewiesen war, dieses Problem aber mühelos meisterte. Der Orientexpress war sowohl als Zug, wie auch als Idee nicht aufzuhalten.

Die Kompanie des Betreibers Nagelmackers, baute bis zu seinem Tod die ansehnliche Zahl von 1000 Luxuswagen. Der Luxus überlebte allerdings sein Ableben nicht lange. Als die Compagnie Internationale des Georges Nagelmackers und auch die English Pullman Company an den englischen Lord Dalziel überging, kehrte größere Nüchternheit ein. Ja, es konnte sogar vorkommen, daß nach dem 1. Weltkrieg im Orientexpress nur noch ein Drei-Gang-Menü serviert wurde, zu dem sich die Reisenden nicht einmal mehr umzuziehen brauchten. Was für Zustände!

Unzählige Geschichten, Legenden, Erfindungen und Wahrheiten ranken sich um den Original-Orientexpress, dessen eigentliche Blütezeit fast sechzig Jahre lang währte. Die Namensliste der Gäste, die, oft im eigenen Salonwagen, mit ihm reisten, liest sich wie ein Wörterbuch der „Guten Gesellschaft". Sie reicht von König Edward und König Leopold II. (mitsamt begleitender Mätresse) über Josephine Baker, Aga und Ali Khan, Haile Selassie, Agatha Christie, Sir Basil Zaharoff und Richard Wagner bis hin zur Spionin Mata Hari und den Gulbenkians, armenischen Petroleum-Milliardären. Daneben fuhren Zeitgenossen, die uns heute nichts mehr sagen, damals aber den Ton angaben, wie Mr. Opper de Blowitz von der „Times", Charles Boyer vom „Figaro", der einflußreiche Schriftsteller Edmont About, der rumänische General Falcianu, oder Missak Effendi, Chefsekretär der Kaiserlich Ottomanischen Botschaft in Frankreich.

Eigentlich war die Fahrt mit diesem Zug eine Einladung zu einem Gala-Dinner zu dessen Anlaß man sich fein anzog. Die festlichen „Gasträume“ bewegten sich dabei durch mehrere Länder, und das Ticket wurde flugs zur Speisekarte. Die Gäste bereiteten sich schon beim Einsteigen auf den Moment vor, wo der Oberkellner – pardon, der „Maitre d'Hotel“ – in der phantasievollen Orientexpress-Livreé sie mit dem sehnsüchtig erwarteten „Messieurs les voyageurs, le diner est servi!“ zu Tisch bat. Dann betrat man das Prunkstück des Orientexpresses, den Speisewagen mit der gepreßten Cordoba-Ledertapete an der Decke, den Vorhängen aus Genfer Velours, den Wandbespannungen aus den „Ateliers des Gobelins“ Ludwig XIV., dem reichen Blattgold, den Rouleaus mit Federantrieb und den Samtdraperien allüberall.

Zum mittäglichen Lunch – und ganz besonders zum unerläßlichen Programmpunkt „Gala-Diner“ im Kerzenschein – waren Jacket oder Anzug mit Krawatte oder Fliege und für die Dame etwas Entsprechendes obligatorisch. Aber das war für die Reisegesellschaft ohnehin selbstverständlich, die den horrenden Fahrpreis – für den man nach damaligen Verhältnissen ein großzügiges Haus auf ein Jahr mitten in London hätte mieten können – bezahlen konnte. Die äußere Aufmachung der Gäste harmonierte dann mit dem Ambiente des Zuges auf prächtige Art und Weise. Der Schmuck an Hals und Armen der Damen verband sich wunderbar mit dem Schmuck an Wänden und Decken, die Eleganz der hereintretenden Paare mit der Eleganz der Bewegungen dieses auf weichen Federn der Radaufhängung schaukelnden Gourmet-Tempels.

Während sich die Reisenden voller berechtigter Vorfreude zurechtmachten, wurden in den rollenden Speisewagen die Tische gedeckt. Feine Damastdecken, stilechtes Porzellangeschirr, Silberbesteck und Gläser aus kunstvoll geschliffenem Kristall erhöhten die Erwartungen auf ein festliches Mahl. Das fünf Gänge-Dinner krönte eben die lange Reise auf sowohl schmackhafte wie geschmackvolle Weise. Und nach der Mahlzeit pflegten die Reisenden dem begnadeten Koch zu applaudieren, bevor sie sich zu Kaffee, Cognac, Likör und Zigarren in die Salons zurückzogen, um über die neuesten europäischen Affären und Histörchen zu disputieren.

Ja, selbst die „gewöhnliche“ Speisekarte des „Restaurant du train Express D'Orient“ von 1883, also des allerersten Orientexpresses, wies im Menübereich zum Lunch oder Dinner sechs Gänge auf: „1. Potage. 2. Hors d'oeuvre. 3. Poissons. 4. Deux Plats de Viande. 5. Légumes. 6. Entremets.“ Und wer es vorzog, à la Carte zu speisen, konnte immerhin wählen zwischen Fleischbrühe, Eierkuchen mit Trüffeln, Beefsteak, Gänseleber, Kalbskoteletten, Hammelmedaillons, Käse und Russischem Salat. Das Essen à la Carte bot übrigens den – nicht von jedem snobistischen Reisenden geschätzten – Vorteil, frische Speisen und Getränke derjenigen Region zu erleben, die gerade durchfahren wurde.

Die Literflasche eines kaiserlichen Moet Chandon kostete damals noch ganze sieben Francs. Andere, bevorzugt kredenzte Champagnersorten waren: Dom Perignon, Roederer cristal, Krug Vintage. Eine Flasche ungarischer Tokayer, anfangs des Jahrhunderts eine Art Modegetränk, kostete fünf Francs. Und die zu den Menüs servierten Weine ließen jedem Kenner die Gerbsäure im Mund zusammenlaufen: Mumm Cordon Rouge, Veuve Cliquot brut, Chablis, Macon Villages, Pouilly Fuisse, Mersault, Saucerre Bouchard, Gavi d'Gavi, Chateau Bel Air, Chateau Beychevelle, Brouilly Chateau de Corselles …

Die Bedienungsvorschriften der „Compagnie Internationale des Wagon-Lits“ taten das

übrige, um eine Fahrt im Orientexpress zu einem Ereignis zu machen. Ein Auszug aus dem Jahr 1908 zeigt, wie weit entfernt vom Luxus wir heute in Zügen fahren:
„Für das erste Frühstück, welches um 6 Uhr bereit sein muß, hat der Koch das Erforderliche zu veranlassen; für genügenden Vorrat an Brötchen und Brot ist der Oberkellner verantwortlich. Während der Dauer des ersten Frühstücks sollen auf einem Tisch in appetitlicher Weise kalte Fleischstücke sowie schönes Obst zur Schau aufgestellt sein. Außerdem ist geschnittenes Grau- oder Schwarzbrot aufzusetzen sowie Konfitüren und Honig. Zum Tee ist stets klare Sahne und kochendes Wasser besonders zu verabreichen ... Über das Servieren der Platten wird bestimmt, daß die Hors d'oeuvres nicht früher als eine Viertelstunde vorher angerichtet werden, um ihr appetitliches Aussehen zu erhalten ... Daß der gekochte Fisch möglichst im ganzen Stück zu reichen ist, zerstückelter Fisch mit Mayonnaise darf als Fischgang im Menü nicht figurieren; als Hors d'oeuvre neben anderen Gerichten mag dies gelten ... Daß beim Anrichten des großen Fleischstückes das Reststück mit auf die Platte gelegt wird, um ihr ein reicheres Aussehen zu geben ... Beim Gabelfrühstück und Diner müssen die Kellner die blaue Frack-Uniform und weiße Handschuhe tragen, beim ersten Frühstück tragen sie die weiße Jacke."
Und so weiter ...

Wir laden Sie ein zu einer Fahrt im klassischen, historischen Orientexpress! Kommen Sie mit und lassen Sie sich verwöhnen von dem außergewöhnlichen Luxus dieses einmaligen Zuges.
Die Reise geht mit 65 Stundenkilometer – in Spitzenwerten auch 98 Stundenkilometer – von London nach Istanbul. Darüberhinaus erlauben wir uns den Luxus eines Abstechers im nostalgischen „Venice-Simplon-Orient-Express" – und mit 140 km/h – nach Zürich und Venedig. Am Ende der Fahrt werden Sie mit uns einer Meinung sein: Es gibt nichts schöneres als eine Reise mit diesem Luxushotel auf Rädern, die sie jederzeit in den noch existierenden beiden Nostalgie-Zügen in der Realität wiederholen können!

Englisches Waggon-Restaurant, Holzschnitt 1880 →

Das goldene Pullman-Zeitalter

Bevor wir die erste Station anlaufen, wollen wir einen Blick auf die Pioniere der Gastronomie auf Rädern im geographischen Bereich des Orientexpresses werfen. Ohne sie hätte es keine Speisewagen und keine Küche an Bord von Luxuszügen gegeben – ja, vielleicht nicht einmal den Orientexpress selbst. Die Rede ist von der amerikanischen Gesellschaft des George Mortimer Pullman und von der englischen Pullman-Gesellschaft. Pullmann: die Eisenbahn-Gesellschaft mit dem „guten Geschmack".

In Nordamerika gab es, wie die verblüfften Europäer erfuhren, in der zweiten Hälfte des 19. Jahrhunderts bereits einen Pullman-Prunkzug mit „Delmonico"-Speisewagen – benannt nach einem Restaurant in New York – und luxuriösem Plüsch-Schlafwagen, in dem man einen noch sehr unruhigen Kontinent, bequem sitzend oder liegend, essend und trinkend, durchqueren konnte.

Eine weitere, bedeutende Verbesserung des Reisens auf Schienen stellten der „Pioneer" und danach die „Palace Cars" dar, deren Ausstattung mit intarsierter Walnußholzvertäfelung mit Blumenmustern, prächtigen Spiegeln und Messingbeschlägen ebenso wie auf Mississippi-Raddampfern entzückte. Damit, wir schreiben das Jahr 1867, war die Epoche der großen amerikanischen Züge angebrochen. Und eine andere Epoche, nämlich die der lieblosen Abfütterung von Reisenden ging zu Ende. Der große Mark Twain merkte über das kulinarische Niveau der Bahnhofsküchen in sogenannten „Refreshment Saloons" und über die Hast, mit der sie bei einem Halt aufgesucht werden mußte an: „Fünf Minuten für die Abfütterung mit altbackenen Semmeln, trübem Kaffee, zweifelhaften Eiern, Guttapercha-Beefsteak und Pasteten, deren Zusammensetzung und Zubereitung ein düsteres, blutiges Geheimnis" war.

Und ein anderer Reisender, ein Mr. J. W. Boddam-Wetham aus England jammerte: „In der Regel werden die Speisen lieblos gekocht und noch liebloser serviert. Morgens, mittags und abends hört man die gleiche Leier: Hammelkotelett, Beefsteak, Ham and Eggs. Keinerlei Abwechslung von der Abfahrt in New York bis zur Ankunft in San Francisco." Dieser offensichtliche kulinarische Skandal hatte nun mit den Pullman-Zügen ein Ende.

In England wollte man es den Yankees nicht nur umgehend nachmachen, sondern es noch besser machen. Folgerichtig rollte im Jahr 1874 der erste Speisewagen über englische Schienen, in dem ein kompletter Lunch serviert wurde. Es handelte sich um das in Nordamerika gebaute Parlour-Car „Victoria", wobei der Sieg vorerst noch sehr unzureichend ausfiel, denn er bezeichnete eigentlich nur die Tatsache, daß die Fahrgäste der Midland Railway ein vorgekochtes Essen bekamen, das im Zug auf der Strecke von London nach Bedford aufgewärmt wurde. Das änderte sich jedoch schnell.

Die erste komplette Kücheneinrichtung besaß der ebenfalls in den USA erbaute „Ohio", der ab 1875 als „Pullman-Drawing-Room-Expreß" von St.Pancras nach Bradford und danach nach Leeds fuhr. Das war die eigentliche Geburtsstunde der amerikanischen Pullman-Waggons in Europa, deren Erbauer hier auf der Insel als „British Pullman Palace-Car-Company" firmierten.

In den 80er Jahren verbesserte man die Pullman-Speisewagen ständig und damit auch die

Menü-Angebote. Die „Vestibule-Cars" besaßen schon eine komplette Küche und eine Pantry – und sie fuhren unter wohlklingende Namen wie Ariel, Adonis oder Maud, mit denen sich der Fahrgast angenehm anfreunden konnte.
Im Pullman-Zug liefen: Parlour Cars, reine Salonwagen; Kitchen Cars, Salonwagen mit Küche; Parlour Brake Cars, Salonwagen mit Dienstabteil (wo sich die Handbremse befand) und Parlour Bar Cars, Salonwagen, deren eine Hälfte eine Bar darstellte.
Ab 1900 wurde die Lieferung amerikanischer Pullman-Fahrzeuge eingestellt. Die Vorreiterin des englischen Komforts auf Schienen, die Midland Railway, wie auch andere britische Betreiber, bauten nun eigene Speisewagen. Diese wurden immer komfortabler, zumindest für die Reisenden der 1. Klasse. Für Klasse zwei und drei gab es mehr Sitze, und eine bescheidenere Küche – aber es gab sie immerhin.

Erste Speisewagen und Salonwagen fuhren seit 1889 auch schon von London bis nach Paris und bildeten so die Vorläufer des späteren „Golden Arrow", im Orientexpress des anderen großen Pioniers von fahrplanmäßigem Eisenbahnluxus, Georges Nagelmackers. Dessen „Sleeping Cars", in Österreich fabrizierte, zweiachsige Waggons von 9,91 Meter Länge und 12 Tonnen Gewicht, die sofort als „Hotels auf Rädern" bezeichnet wurden, waren sogar schon ab 1872 zwischen Paris und Wien hin und her gerollt. In dieser Zeit arbeitete Nagelmackers mit einem anderen amerikanischen Eisenbahnpionier zusammen, der sich in den USA gerade dem großen Konkurrenten Pullman ergeben hatte: Colonel William d'Alton Mann.
Ab 1907 endete der Einfluß der amerikanischen Pullman-Gesellschaft auf England. Der spätere Lord Whooler gründete mit britischem Geld die „Pullman-Palace Car Company", sie trat an die Stelle der Amerikaner. Von nun an besaßen die Briten den guten Ruf, in Luxuszügen exklusiv für den Speisekomfort zuständig zu sein. Und dieser Ruf war nicht unbegründet. Denn die Briten führten – mitten im 1.Weltkrieg, als insgesamt 78 Pullman-Waggons unterwegs waren – sogar einen solchen Wagen für die 3. Klasse ein!

In der Regel besaßen die Pullmanwagen einen großen Salon mit acht bis zwölf freistehen Sitzen. An den Wagenenden gab es ein oder zwei geschlossene Abteile mit je vier Plätzen. Gewöhnlich liefen im Zug zusammengekuppelt je ein Pullmanwagen mit Küchenabteil und einer ohne. Nur in den Pullmanwagen konnten die Reisenden – ohne Qualitätsverlust – an ihren Plätzen bedient werden.
Der allererste Speisewagen, das vierachsige „Restaurant auf Rädern" vom Typ „WR 4i" bei der Jungfernfahrt 1883 sah folgendermaßen aus: Insgesamt vierundzwanzig Reisende saßen an vier Tischen mit vier Plätzen und vier Tischen mit zwei Plätzen, Nichtraucher und Raucher getrennt. In der Mitte befand sich die – später ans Wagenende verbrachte – Küche mit offenem Kohleherd, am anderen Ende des Wagens der Salon für die Entspannung nach dem reichhaltigen Menü. Wer sich nach dem Essen die Beine vertreten wollte, konnte auch während der Fahrt auf die offene Plattform hinaustreten und sich den Fahrtwind der moderaten 65 Stundenkilometer um die Nase wehen lassen.

Die Konzentration der Betreibergesellschaften auf – inklusive der Pullman Car Company – fünf große Unternehmen seit dem Jahr 1923, bewirkte weitere Erneuerungen im Speisewagenbereich. Der Pullman-Restaurantbetrieb der Zwischenkriegszeit konzentrierte sich auf Ausweitung des Streckennetzes in Großbritannien. Als ab 1926 der legendäre „Golden Arrow" auf englischem Boden bis zur Küste fuhr (er verkehrte bis 1961 mit einer Dampflok), und ab 1929 seine Route sogar via Dover oder Folkestone nach Calais und weiter bis nach Paris absolvierte, wo er an den Orient-Simplon-Express über Lausanne nach Istanbul angekoppelt wurde, erhielt die Gastronomie auf Rädern einen weiteren Stern. Auf französischem Boden hieß dieser Ganzmetall-Pullman-Zug „Fléche d'Or", mit ihm konnte der Reisende im Speisewagen oder auch an seinem Platz, in insgesamt 12 Pullman-Waggons, wie ein kleiner Fürst bedient werden.

Ein berühmter anderer großbritannischer Zug mit Salon- und Speisewagen, der dem ursprünglichen Pullman-Train durchaus ebenbürtig war, ist der erstmals 1862 als „Special Scotch Express" eingesetzte, spätere „Flying Scotsman", von der „Great Northern Railway", der noch heute täglich von Londons Kings Cross-Station nach Edinburg läuft. Daneben existierten weitere Perlen: „Southern Belle", „Flushing Continental", „Prince of Wales", „Maid of Morven". Allesamt seit den 20er Jahren mit elektrischen Einrichtungen und formidabler Speisekarte.

Ein Beispiel für ein Menü aus dem „Flying Scotsman" (von 1959):

1. Real Tomato Soup with Golden Croutons
2. Roast Sirloin of Scotch Beef with Yorkshire Pudding
3. Horseradish Cream
4. Parsley and Rissolée New Potatoes
5. Crécy Carrots, Green Garden Peas
6. Devon Double Cream

Nach dem Zweiten Weltkrieg mit seinen Rationalisierungsmaßnahmen im Personenverkehr hatten es die luxuriösen Pullman-Wagen schwer. Aber sie fuhren noch rund zwei Jahrzehnte lang auf der englischen Strecke des Orientexpresses, auch der „Golden Arrow" fuhr wieder. Ja einige neue Züge konnten sogar von der jetzigen British Railways, die auch die Pullman-Car-Company in sich aufnahm, erworben und zusätzlich in Dienst genommen werden.
In den 60er Jahren endete das Dampflokzeitalter für die Pullmanzüge. Diesel- und Elektroloks zogen fortan die Hotels auf Rädern. Für Puristen war dies das Ende der guten, alten Pullman-Zeit. Und ganz unrecht hatten sie nicht. Denn schleichend veränderte sich das Ambiente und damit auch die Stimmung und nicht zuletzt auch das Angebot im Pullman. Er verlor Messing, Mahagoni; Kristallglas und Plüsch und glich immer mehr einem normalen City-Liner, mit allerdings noch immer guter Speisekarte und dem legendären Service am eigenen Sitzplatz.

Noch im Jahr 1984 fuhr als letzter der an frühere Zeiten erinnernden Züge, der „Manchester-Pullman". Zwar wurden im folgenden Jahr drei neue Züge mit dem Begriff „Pullman" in Betrieb genommen, diese erinnerten jedoch mit ihren gewöhnlichen Sitzwagen nur noch von fern an die alten, bequemen Waggons.
In den High-Speed-Trains von Heute regieren sachliche Strenge, kurze Bedienungsspannen, rationale Menüauswahl – und die Mikrowelle. Selbst ein vergleichsweise „normales" Gericht wie: „Roast Leg of Lamb and Mint Sauce, with Vegetables and Potatoes", wie es noch in den Pullmans der 60er Jahre serviert wurde, wird man heute im Angebot der internationalen Speisewagen vergeblich suchen.
Ob sich daran wohl wieder etwas ändern wird?

Erste Station
London, Victoria Station, 10 Uhr vormittags

Victoria-Station. Getriebe in den Bahnhofshallen, ankommende und abfahrende Züge, hin und her hastende Reisende. Mitten in London, in seinen südwestlichen Bereichen gelegen, besitzt dieser 1861 errichtete Bahnhof der „London-Brighton-und Südküstenbahn" – er wurde 1909 und noch einmal 1923 zum heutigen Aussehen umgebaut – das Flair einer internationalen Verkehrszentrale. Hierher kamen und kommen noch immer die Reisenden, die mit dem Orientexpress (oder dem heutigen „V.S.O.E.") ihr großes, kulinarisches Erlebnis auf Schienen gebucht haben. Denn die Betreiber des klassischen Orientexpresses besaßen – und ihre nostalgischen Nachfolger besitzen noch heute – ein eigenes Department, eine Passengers Lounge, in der riesigen Bahnhofshalle.
Gepäckträger laufen pflichtbewußt umher. Sie sammeln und verstauen das Gepäck, meist originelle Kreationen der Bond Street, spätestens eine halbe Stunde vor Abfahrt in die Baggage Cars. Die Reisenden, die über Galerien in die Bahnhofshalle gekommen sind, und ihre Koffer, wenn alles klappt, erst auf dem Kontinent wiedersehen, werden persönlich in ihre Abteile begleitet. Jeder nimmt seinen Platz ein, angenehm berührt von den höflichen, dezenten Anmerkungen des Personals, das an der Tür jedes Waggons in der schokoladenbraunen Uniform der Betreibergesellschaft gewartet hatte. Dann ertönt der Pfiff des Schaffners auf dem Bahnhof. Der Zug ruckt sanft an.

Und damit beginnt auch eine Reise in die Vergangenheit und in die Vergangenheit des Orientexpresses.
Wir fahren zurück aus der Gegenwart des Jahres 1998 hinaus in die 80er Jahre des letzten Jahrhunderts! Für die unbedingte Pünktlichkeit sorgt der Fahrplan von 1902.
Steigen wir ein in den klassischen Orientexpress auf der Fahrt an den Bosporus! Die Reise beginnt …
Der lange, blau-gelbe Leib des Zuges schlängelte sich aus dem Bahnhof hinaus und durchquerte die Londoner Vorstädte. Und schon trat der Maestro der Gastronomie auf, ein Oberkellner in dezenter dunkler Livree. Er wird die Gäste ohne Mühe davon überzeugen, daß man im Orientexpress exklusiv speist, auf Wunsch auch à la Carte. Vorerst servierte er jedoch – jetzt, am späten Vormittag – „High Tea" mit köstlichen „Blueberry-Muffins" sowie, für den handfesteren Vormittags-Appetit, „Chicken-and-Ham-Sandwiches". Wer nichts zu sich nehmen wollte, konnte sich auf das erste Mittags-Menü freuen, das im Küchenwagen bereits vorbereitet wurde. Und später, zum Afternoon Tea, den die Gäste in der „Trianon Bar" des Pullman-Bar-Wagens einnehmen konnten, bot man an: Toasted Teacake, Crumpets and Scones, Fruit Loaf, Teatime Bisquits, dazu zwölf Teesorten nach Wahl.

Die Verkehrssprache im Zug war englisch. Bestellungen konnten jedoch in jeder Weltsprache aufgegeben werden. Bezahlt werden konnte in Francs oder Pfund, auf deutschem Boden auch in Mark, auf österreichischem in Gulden, auf rumänischem mit Leu, auf serbischem mit Dinar, auf bulgarischem mit Lew, auf türkischem Boden mit Goldpiaster oder Medjidie. Nur an die Zeiten mußten sich die Rei-

senden halten. Frühstück ab 6.00 Uhr, Lunch ab 11.45 Uhr, Tee-Time ab 14.00 Uhr, Dinner ab 20.15 Uhr, nach dem freundlichen Aufruf um Punkt 20.00 Uhr.

Vor allem im englischen Pullman-Salon-Waggon des Orientexpresses, dem legendären „Golden Arrow" der englischen Betreiber, der die Reisenden zunächst an die Kontinentküste brachte, war der Luxus überwältigend. Die Reisenden saßen in einem Ensemble aus ornamentalem Jugendstil und gemütlichem, englischen Herrenzimmer in bequemen Feauteuils aus weichem Leder, draußen glitt die Landschaft vorbei. Drinnen wurde den Reisenden an ihrem Platz in den bequemen Abteilen ein Drink nach Wahl serviert – er war natürlich im Preis inbegriffen. Andere Reisende hatten es sich von Anfang an bereits im Speisewagen bequem gemacht und warteten auf den Lunch. Dort regierten weißbedresste Kellner in einer unvergleichlich dezenten Art und Weise als gute Engel der Küche.

Der klassische Pullman-Zug, bestehend aus acht Cars (drei Kitchen, fünf Parlour), durchquerte die grüne Landschaft Kents und brachte die Reisenden an die englische Küste nach Folkestone oder Dover. Dort betraten sie die Fähre, eine sogenannte „Sea Cat" und fuhren drei Stunden bis zur französischen Küste nach Calais oder Boulogne-sur-Mer, wo ein eher noch luxuriöserer Salonzugzubringer auf sie wartete.

Heute geht die Reise etwas schneller aber nicht anders vonstatten. Wer im V.S.O.E. von London nach Venedig fahren will, muß den Zug an der Küste ebenfalls verlassen und in eine Fähre der Hoover-Speed-Reederei umsteigen. Es geht auch heute nicht durch die Tunnelröhre, in der man den Ärmelkanal inzwischen schnell und sicher durchquert. Zu einer Fahrt im Orientexpress gehört auch zu Ende dieses Jahrhunderts einfach die Seereise dazu.

Der Luxus des Salonzuges, der für die Reisenden auf der Kontinentseite schon bereitstand, überwältigte bereits beim Einsteigen – gerade in den unaufdringlichen Details. Und jeder Reisende hatte das angenehme Gefühl, ganz persönlich betreut zu werden. Selbstverständlich mußte auch jetzt kein Reisender seine Koffer auch nur berühren, das besorgten die Stewards mit ihren kurzen Spencern, dunkelroten Samtkniehosen, weißen Strümpfen und Schnallenschuhen (diese Staffage änderte sich mit den Jahren).

Mit sattem Geräusch fielen die Türen zu. Das Grandhotel auf Rädern setzte sich auf französischem Boden in Bewegung. Die Fahrt nach Paris begann, der Kontinent stand den Reisenden offen.

← „Fumoir" in einem Speisewagen 1908–09

England à la Carte

Cream of Lentils/ Cremesuppe von Linsen
(für 4 Personen)

1 Zwiebel
1 Stengel Bleichsellerie
1 rote Paprikaschote
2 Möhren
250 g Wildgulasch
50 g Schinkenreste
30 g Butter
2 EL Tomatenmark
¼ l Fleischbrühe
¼ l Rotwein
250 g rote Linsen
200 g Créme double
4 EL Sauerkirsch-Konfitüre
Salz und Pfeffer

Die Bleichsellerie, Paprikaschote und Möhren putzen, waschen und in Würfel schneiden. Wildfleisch und Schinken kleinschneiden, Butter in einer Kasserolle erhitzen, Fleisch darin anbraten. Das Tomatenmark mit den Gemüsewürfeln hinzufügen, kurz andünsten, dann salzen und pfeffern. Die Brühe mit dem Wein angießen, die Linsen zugeben. Alles bei kleiner Hitze eine knappe Stunde lang köcheln lassen, anschließend die Suppe im Mixer pürieren und einen Schuß Wasser dazugeben, nochmals mit Salz und Pfeffer nachwürzen. Die Créme double mit der Sauerkirsch-Konfitüre verrühren, die Suppe auf vier tiefe Teller verteilen und die rosa Creme daraufgeben.

Filets of Haddock with brown butter/ Schellfischfilets mit brauner Butter
(für 4 Personen)

8 Schellfischfilets von je 100 g
4 EL Weizenmehl
⅛ l Speiseöl
1 kleine Zwiebel
1 Knoblauchzehe
80 g Butter
2 EL Petersilie
1 TL Kapern
Worcestersauce
Salz, Pfeffer

Die Fischfilets mit Salz, Pfeffer und Worcestersauce würzen, danach mit Mehl bestäuben. In einer beschichteten Pfanne das Speiseöl erhitzen und den Schellfisch 10 Minuten lang anbraten, danach die Filets herausnehmen und warm stellen.
Das Öl abgießen, Zwiebel abziehen und würfeln, den Knoblauch schälen und pressen. Die Butter erhitzen, darin die Zwiebel andünsten, danach die kleingehackte Petersilie, den zerdrückten Knoblauch und die Kapern hinzufügen, die Butter dabei braun werden lassen. Das Ganze noch einmal kurz erhitzen und über die Schellfischfilets geben.
Als Beilage eignen sich Gebratene Chips von rohen Kartoffeln oder mit Eigelb überbackenes Kartoffelpüree.

Steak and Kidney Pie/
Steak an Rindfleischragout in Blätterteig
(für 4 Personen)

Für die Steaks:
2 Porterhouse Steaks
Olivenöl
Brunnenkresse
Worcestersauce

Zubereitung der Steaks:
Die beiden je 3 cm dicken Porterhouse Steaks einmal durchschneiden. Die entstandenen vier Fleischstücke von beiden Seiten grillen, bis sie „medium well-done" sind. Die fertigen Steaks mit frischer Brunnenkresse bestreuen. Die Flasche Worcestersauce für den englischen Bedarf sollte griffbereit auf dem Tisch stehen.

Für das Kidney Pie:
750 g Rindergulasch
200 g Rindernieren
Salz und Pfeffer
2 EL Mehl
3 EL Butterschmalz
¼ l Rotwein
¼ l Rinderbrühe
1 TL Thymian
1 Lorbeerblatt
Tiefkühl-Blätterteig
1 Eigelb

Zubereitung des Kidney Pie:
Das Rindergulasch und die Rindernieren säubern, überflüssiges Fett abtrennen, in 2,5 cm große Würfel schneiden, mit Salz und Pfeffer würzen und mit Mehl bestäuben. In heißem Butterschmalz anbraten, mit dem Rotwein ablöschen und die Rinderbrühe zugießen. Mit Thymian und gerebeltem Lorbeerblatt würzen und 30 Minuten lang schmoren. Abkühlen lassen und in Pastetenform füllen. Den aufgetauten Tiefkühl-Blätterteig ausrollen. Die Pastete mit Teig abdecken, wobei man Teigreste zur Verzierung verwendet. Mit dem Eigelb bestreichen. Für 45 Minuten in den auf 200 Grad vorgeheizten Backofen schieben. Wenn die Pastete gebräunt ist, auf 150 Grad zurückschalten, mit Alufolie abdecken und noch eine halbe Stunde im Ofen lassen.
Der Teig sollte mit Löchern und Schlitzen als Dampfabzug versehen sein. Durch diese kann man, wenn nötig, noch Wein oder Brühe nachgießen, damit die Pastete nicht zu trocken wird. Als Beilage eignen sich frischer grüner Salat oder junges Gemüse. Dazu schmeckt ein dunkles Bier.

Stilton-Käse

Ein würzig-scharfer Weichkäse, der von innen nach außen reift. Er entfaltet sein Aroma am besten bei Zimmertemperatur und wird in England oft in Keramiktöpfchen serviert. Dazu passen feine Scheiben von reifen Birnen und ein Vintage Port. Außerhalb englischen Bodens servierten einige Chefköche der Küchenbrigade im Orientexpress den Stilton, indem sie ein Loch in seine Mitte bohrten und Portwein hineingossen. Besonders bei amerikanischen Reisenden soll diese Zubereitungsart großen Anklang gefunden haben.

Ein Gala-Menü auf englischem Boden

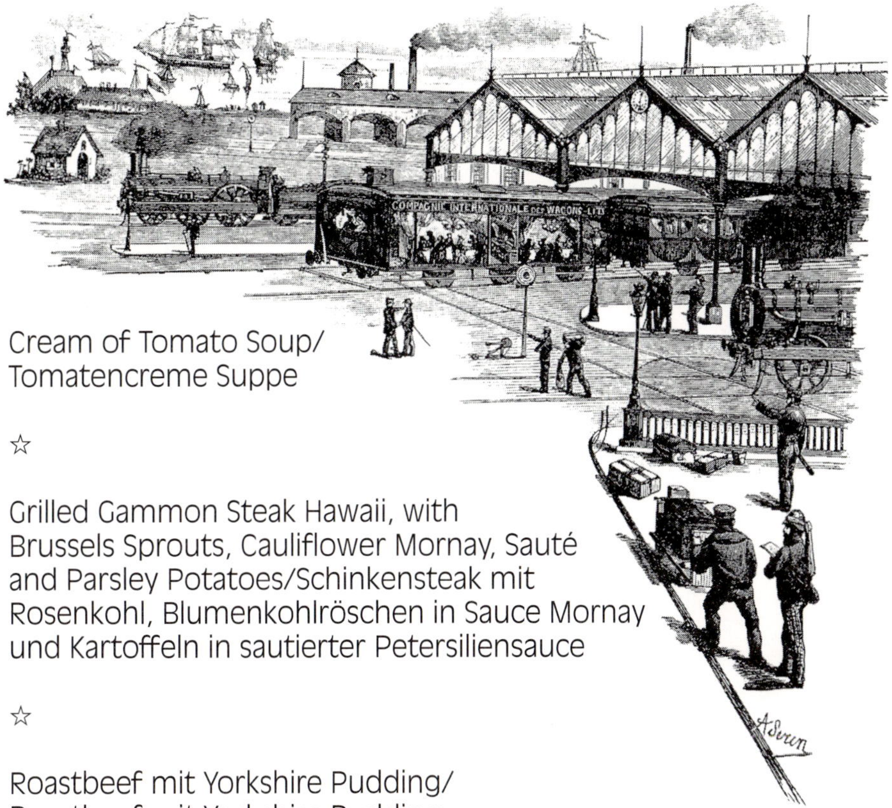

Cream of Tomato Soup/
Tomatencreme Suppe

☆

Grilled Gammon Steak Hawaii, with
Brussels Sprouts, Cauliflower Mornay, Sauté
and Parsley Potatoes/Schinkensteak mit
Rosenkohl, Blumenkohlröschen in Sauce Mornay
und Kartoffeln in sautierter Petersiliensauce

☆

Roastbeef mit Yorkshire Pudding/
Roastbeef mit Yorkshire Pudding

☆

Peach Melba/Pfirsich Melba

☆

Cheese Board, Salad/Käse, Salat

Voiture Presidentielle, Salon für 12 Gäste oder Tafel für 18 Personen, grüne Ledersessel, Baujahr 1927, 30 Plätze

**Cream of Tomato Soup/
Tomatencremesuppe**

1 kg Tomaten
1 Zwiebel
1 Möhre
1 Lorbeerblatt
4 Pfefferkörner
1 unbehandelte Zitrone
¼ l Fleischbrühe
30 g Butter
30 g Mehl
1 unbehandelte Orange
1 TL Zucker
⅛ l Sahne
Salz

Die Tomaten waschen und vierteln. Zusammen mit der kleingehackten Zwiebel und der geschälten und geschnittenen Möhre, dem Lorbeerblatt, den Pfefferkörnern und etwas abgeriebener Zitronenschale in einen Topf geben. Die feine Fleischbrühe auffüllen und das Ganze mit geschlossenem Deckel eine halbe Stunde köcheln lassen. Danach durch ein Sieb passieren und mit gekochtem Wasser zu 1 Liter Flüssigkeit auffüllen und warm stellen.
Die Butter in einem Topf erhitzen und Mehl darüber streuen, dann unter sorgfältigem Rühren die heiße Tomatenbrühe angießen.
Die Orange halbieren und die Schale der einen Hälfte fein abschälen und in 1 mm breite und 1 cm lange Streifen schneiden, die man in die Suppe gibt. Saft der Orangenhälften auspressen und zusammen mit Salz und Zucker dazugeben, danach 5 Minuten köcheln lassen. Die Sahne in einer Schüssel steifschlagen und unter die heiße Suppe ziehen.

**Grilled Gammon Steak Hawaii,
with Brussels Sprouts, Cauliflower Mornay,
Sauté and Parsley Potatoes/
Schinkensteak mit Rosenkohl, Blumenkohlröschen in Sauce Mornay und Kartoffeln in sautierter Petersiliensauce**

Für das Gammon-Steak:
(pro Person)
1 Scheibe Räucherschinken
1 EL Butter
1 Scheibe Toastbrot
1 Scheibe Ananas
1 Scheibe Gouda

Zubereitung des Gammon-Steaks:
Den etwa 1 cm dicken Räucherschinken in der Butter leicht erwärmen, auf das Toastbrot legen, darauf die Scheibe Ananas und die Scheibe Gouda. Unter dem Grill überbacken, bis der Käse schmilzt. Dieses heute einfach anmutende Gericht besaß zur Jahrhundertwende, als es im Orientexpress serviert wurde, wegen der seltenen und teuren Ananas einen überaus exotischen Anstrich. Dazu Rosenkohl und Blumenkohlröschen in Sauce Mornay. Die Sauté and Parsley Potatoes werden wie folgt zubereitet:

Für die Petersiliensauce:
15 g gehackte Petersilie
½ TL Zitronensaft
1 Muskatnüßchen
250 ml Béchamelsauce

Die Hälfte der Petersilie in eine Schüssel geben und mit kochendem Wasser bedecken. 5 Minuten stehen lassen, dann abgießen und die Flüssigkeit auffangen. Den Zitronensaft in ein Schüsselchen gießen, die Muskatnuß hineinreiben, die Petersilienflüssigkeit dazugeben und umrühren. Das Ganze in die heiße Béchamelsauce gießen und verrühren. Die restliche Petersilie dazugeben. Die Sauce heiß zu den in Butter sautierten Kartoffelwürfeln servieren.

Für die Sauce Mornay:
250 ml Béchamelsauce
50 g Gruyére- und Parmesankäse
50 g Butter

Der Béchamelsauce den Käse einreiben und mit der Butter aufschlagen. Zum Gemüse servieren.

Für die Béchamelsauce:
750 ml Milch
90 g Butter
2 EL geriebene Zwiebel
90 g Mehl
2 frische Petersilienzweige
1 Prise Muskat

Die Milch in einem Topf bei kleiner Hitze erwärmen, nicht kochen. Inzwischen die Butter in einem anderen Topf schmelzen und die Zwiebel darin andünsten bis sie goldbraun wird. Das Mehl einrühren und 3 Minuten lang anschwitzen, dann die Milch unter Rühren in die Sauce einfüllen. Die Sauce aufkochen lassen, bis sie dick wird. Petersilie, Pfefferkörner, Muskat und Salz hinzufügen. Auf niedriger Stufe 20 Minuten ohne Deckel köcheln lassen. Umrühen, bis die Sauce dick und sämig ist. Durch ein Sieb gießen.

**Roastbeef with Yorkshire Pudding/
Roastbeef mit Yorkshire-Pudding**
(für 4 Personen)

Für den Yorkshire-Pudding:
300 g Weizenmehl
3 Eier
¼ l Milch
150 g Rindernierenfett
weißer Pfeffer

Für das Roastbeef:
1,5 kg Roastbeef
3 EL Kokosfett
Salz, schwarzer Pfeffer

Zubereitung des Yorkshire-Puddings:
Das Mehl in eine Schüssel geben, mit Milch und den Eigelben verquirlen. Das Rindernierenfett auslassen und dazu geben, alles zu einem Teig verrühren. Eine knappe Stunde bei Zimmertemperatur stehen lassen. Eiweiß zu steifem Schnee schlagen und unter den Teig ziehen, mit Salz und Pfeffer abschmecken und in eine große Form oder kleine Auflaufförmchen füllen, die in den mit 220 Grad vorgeheizten Ofen unter den Rost mit dem Roastbeef geschoben werden und zusammen mit dem Fleisch eine halbe Stunde lang garen. Das Rohr in dieser Zeit nicht öffnen, weil der Pudding sonst zusammenfallen kann. Nach der angegebenen Zeit mit einem Messer vorsichtig von der Form (den Förmchen) lösen und stürzen. Zum Roastbeef reichen. Dazu eignen sich in Butter blanchierte Erbschen, die in einem EL Mintsauce geschwenkt werden.

Zubereitung des Roastbeefs:
Das Fleisch sollte eine gute Fettschicht besitzen und gut marmoriert sein. Unter kaltem Wasser abspülen und trockenreiben, danach mit Salz und grobgemalenem Pfeffer gut würzen. Auf den Rost eines sehr heißen Bratofens (220 Grad) legen, damit sich die Poren des Fleisches sofort schließen, außerdem schmilzt nur so das Fett hinreichend, das in die Form für den Yorkshirepudding tropfen soll, die man innen mit hitzebeständigem Kokosfett ausstreicht und unter das Fleisch in den Bratofen stellt. Das Roastbeef wird 30 Minuten lang gebraten, bis es außen gut gebräunt und innen rosa bzw. noch halb roh ist. Im ausgeschalteten Backofen noch 10 Minuten stehen lassen. Auf eine Platte legen und dünne Scheiben davon abschneiden, mit dem restlichen Fleischstück zusammen servieren.

Peach Melba/Pfirsich Melba

⅛ l Weißwein
3 EL Zucker
1 unbehandelte Zitrone
2 reife Pfirsiche
200 g Himbeeren
2 EL Puderzucker
2 cl Himbeergeist
4 Kugeln Vanilleeis
4 TL Pistazienkerne

Den Wein mit Zucker und einer abgeschälten Spirale der Zitronenschale aufkochen. Die Pfirsiche mit heißem Wasser überbrühen, in kaltem Wasser abschrecken und enthäuten, dann halbieren und entkernen. Die Pfirsichhälften ca. 6 Minuten lang im siedenden Weißwein garziehen lassen, herausnehmen und erkalten lassen. Die Himbeeren durch ein Sieb streichen, das entstandene Püree mit dem Puderzucker und dem Himbeergeist verrühren. In ein Dessertglas eine Kugel Vanilleeis geben, eine Pfirsichhälfte darauflegen und mit der Himbeersauce überziehen, am Schluß mit feingehackten Pistazienkernen bestreuen.

Zwei Gala-Menüs von 1898:

1. Huitres de Burnham/
   Austern aus Burnham
2. Schildkrötensuppe
3. Truite Saumonee à la Chambord/
   Lachsforellen à la Chambord
4. Selle de Chevreuil à la Duchesse/
   Rehrücken nach Herzogin-Art
5. Kaiserin-Eis mit Früchten

1. Truffes au Champagne/
   Trüffeln in Champagner
2. Potage de la Reine/Königinsuppe
3. Chaufroid de Langouste à la
   Parisienne/Langusten in Gelée nach
   Pariser Art
4. Poularde Valoise/Waliser Poularde
5. Früchte und Desserts

Zweite Station
Paris, Gare de l'Est, 19.20 Uhr abends

Der nächste Halt des Orientexpresses – besser gesagt: der eigentliche Startpunkt dieses Zuges jenseits seiner Zubringer aus allen Himmelsrichtungen – war Paris. Wenn der Zug aus London im Gare de l'Est einlief, war es auf die Minute genau 17.10 Uhr. Der Zug hatte zwei volle Stunden Aufenthalt, denn jetzt stiegen neben den englischen Herrschaften die Damen und Herren mit der ausufernden Equipage aus St.Petersburg, Berlin, Madrid oder Warschau zu. Die Reisenden aus London nutzten die Zeit zum Bummel in der Rue de Rivoli.

Von dem großen, im Nordosten der Seine-Metropole gelegenen Bahnhof, mit den großen Springbrunnen vor dem Hauptportal auf dem umzäunten Vorplatz, fuhren schon immer die Züge in alle Regionen der Welt ab. Paris war die kontinentale Verpflegungsstation des Orientexpresses und aller großen Luxuszüge.

Die Gare d l'Est – zu Zeiten des allerersten Orientexpresses noch Straßburger Bahnhof – war um die Jahrhundertwende einer von neun großen Pariser Bahnhöfen. Damit war Paris die erste europäische Stadt, deren städtische Verkehrsanforderungen der Zeit genügten. Am Ende des breiten Boulevard de Strasbourg gelegen, war er ganz umbaut und bot an den Längsseiten einen dreigeschossigen Aufbau wie im Innenraum einer Oper. Hier konnten sich die weniger betuchten Reisenden versorgen.

Die sechs Gleise der Bahnhofshalle konnten durch Drehscheiben miteinander verbunden werden. Oder, wie es beim Orientexpress üblich war, es konnte damit der Waggonlauf, durch ankommende und wegfallende Wagen, wie zum Beispiel Speise- und Salonwagen, nach Belieben verändert werden.

Am frühen Vormittag um 10.00 Uhr hatte die Fahrt in London begonnen. Wer heute im V.S.O.E. reist, wird am nächsten Tag mittags pünktlich um 12.00 Uhr in Venedig sein. Wer jedoch im historischen Orientexpress von 1902 nach Istanbul reiste, mußte nicht nur eine Nacht im Schlafwagen verbringen, sondern, von Paris aus gerechnet, auch noch zwei darauffolgende Tage und Nächte. Erst nach drei vollen Tagesreisen, also nach 63 Stunden – und 3186 Kilometer – war er am Ziel.

Entweder vertrieben sich die Fahrgäste die lange Reisezeit in den barock eingerichteten Saloncoupés oder im Speisewagen, bzw. im Salonwagen mit seinen bequemen Polstermöbeln, als einem Ort internationaler Begegnungen und Geschichten. Der Reisende konnte auch im Barwagen verweilen und sich den Freuden des leichten Rausches aus dem Glas hingeben. In jedem Fall war die Fahrt im Orientexpress, entweder in den Mittelwagen der „Etoile du Nord"-Serie mit seinen Zweier- oder Vierertischen, Armsesselpolstern und dezentem Ambiente oder auch im Abteil, keine Strapaze, sondern ein reines Vergnügen.

Der Barwagen war ausgestattet mit einem umfassenden Sortiment an alkoholischen und nichtalkoholischen Getränken. Als Barleute fungierten Mixer von hohen Graden. Locker verteilte Sitzgruppen und ein Schimmel-Piano, an dem klangsichere und repertoirreiche Pianisten aus Frankreich ihr Bestes gaben, waren selbstverständlicher Bestandteil einer gemütli-

chen, ungezwungenen Reise in die Nacht hinein.
Die Crew des Orientexpresses erledigte mehrsprachig alle Formalitäten für die Reisenden. Angefangen von Wechselgeschäften, über die damals noch sehr komplizierten Grenz- und Zollformalitäten bis hin zur Einweisung in die Schlafwagen und das „richtige" Einnehmen der Mahlzeiten. Die Schaffner, Kellner, Stewards des Orientexpresses waren hochspezialisierte Angestellte eines Luxushotels. In dezenter Atmosphäre hatte der Reisende niemals das Gefühl ein Fremder zu sein, er ist Gast in einer Umgebung, die ihm angemessen, ja vertraut ist.
Und dazu trugen die Dienstvorschriften für den Orientexpress bei, die von der Betreibergesellschaft „CIWL" im Jahr 1908 gesetzt worden waren. Für Frankreich galt:
„Die Tische müssen eine halbe Stunde vor Abfahrt gedeckt und mit frischen Blumen in den Kristallvasen geschmückt sein ... Auf jeden Tisch ist ein mit Tinte in französischer Sprache sauber geschriebenes Menü zu legen ... Nachdem der Speisesaal in oben erwähnter Weise bereitgestellt ist, hat sich der Kellner in korrekter Haltung und mit angezogenen Handschuhen am Perron vor der Tür des Speisewagens zur Verfügung der Reisenden aufzuhalten."

Es wurde Abend, bis der Zug aus dem Pariser Ostbahnhof ausfuhr. Um genau 19.20 Uhr ruckte der Orientexpress an und verließ Paris in Richtung Südosten.
Die Reisenden starben bereits vor Hunger – oder besser: vor Appetit. Der Oberkellner des Orientexpresses, der „Maitre d'Hotel", lud ein zum Dinner. Die Reisenden nahmen langsam ihre Plätze im Speisewagen ein und fühlten sich geschmeichelt vom Glanz der Damasttücher, kunstvoll gefalteten Servietten, des prächtigen Tafelsilber, der mundgeblasenen Gläser. Die Champagnerflaschen steckten selbstverständlich bereits in den Kübeln, der rote Chateau funkelte bereits in den geschliffenen Karaffen.
Manche Reisende zogen es auch vor, an ihrem Sitz bedient zu werden. Dort traf man zwar nicht auf all die anderen, hochinteressanten Leute, die von der Aura des Besonderen umgeben waren, aber man konnte sich besser auf sein Menü konzentrieren.
Ein leises Klingeln kündigt den Beginn der Mahlzeit an. Ein Seufzen geht durch den Orientexpress.

← The Royal Scotsman, Nostalgiezug, Restaurant-Wagen

Frankreich à la Carte

Omelette au Fromage/Käseomelette
(für 4 Personen)

6 Eier
40 g geriebenen Gruyére-Käse
4 EL Butter
Salz und Pfeffer

Die Eier mit Salz und Pfeffer würzen und mit dem Schneebesen zu locker-cremiger Konsistenz schlagen. Den geriebenen Käse dazugeben und nochmals leicht mit dem Schneebesen verrühren. Pro Omelett je 1 EL Butter in einer Pfanne zerlassen. Je ein Viertel der Eiermasse in die Pfanne geben und stocken lassen bis es innen noch cremig, außen jedoch leicht angebräunt ist. Jedes Omelett zusammenklappen, gegebenenfalls warm stellen – aber Vorsicht, ein Omelett wird durch längeres Warmstellen eher zäher. Am besten, wenn auch aufwendig, ist es deshalb, mit mehreren Pfannen gleichzeitig zu arbeiten.

Potage bourguignonne/ Suppe nach Burgunder Art
(für 2 Personen)

500 g mageres Rindfleisch
½ l Wasser
½ TL Salz
1 TL gehackter Dill

Das Fleisch mehrmals durch einen Fleischwolf drehen und zusammen mit dem Wasser in einen Topf geben. Diesen in ein sehr heißes Wasserbad geben und das Fleisch 2 Stunden köcheln lassen. Nach einer halben Stunde mit Salz abschmecken und die Brühe durch ein feines Sieb oder ein Seihtuch gießen, um sie zu klären. Abkühlen lassen und in den Kühlschrank stellen. Wenn sie sehr kalt ist, herausnehmen, mit gehacktem Dill bestreuen und servieren.

Coquilles St.Jacques à l'Estragon/ Jakobsmuscheln mit Estragon
(pro Person sechs Muscheln)

3 Karotten, 2 Schalotten
6 Champignons
80 g Butter
1 EL Tomatenmark
Jakobsmuscheln
0,3 l Weißwein
2 EL Estragon
2 EL Cognac
Salz und Pfeffer

Die Karotten in sehr feine Würfel schneiden, die Schalotten hacken, die Champignons in Scheiben schneiden. Alles zusammen in der Hälfte der Butter andünsten, das Tomatenmark dazugeben, mit einem Schuß Weißwein verdünnen und 10 Minuten dünsten lassen. Auf dieses Gemüse danach die frischen Jakobsmuscheln legen, mit dem restlichen Weißwein ablöschen und mit der Hälfte des fein gehackten Estragon überstreuen. 5 Minuten zugedeckt dämpfen. Danach die Muscheln herausnehmen und warm stellen. Das Gemüse nach Geschmack mit Salz und Pfeffer nachwürzen, den Rest der Butter und den Cognac unterziehen. Mit dem Rest der Estragonblättchen bestreuen und noch einmal 5 Minuten in den Ofen stellen. Die Gemüsemischung als Garnitur um die Muscheln legen.

Orient-Express mit Dampflokomotive im Thurgau

Canard à l'Orange/Ente mit Orangen
(für 4 Personen)

1 Ente (ca. 1,3 kg)
1 EL Speiseöl
3 unbehandelte Orangen
¼ l brauner Fond
2 EL Orangenlikör
1 Thymianzweig
Salz, schwarzer Pfeffer, Zucker

Das Geflügel unter kaltem Wasser abspülen, mit einem Leinenhandtuch abtupfen, innen und außen salzen und pfeffern. Das Öl im Bräter erhitzen, die Ente hineingeben und im vorgeheizten Backofen bei 200 Grad eine Stunde lang ausbraten. Die Orangen gründlich waschen, hauchdünne Schalen von der Außenhaut abziehen und beiseitelegen. Die Orangen bis auf das Fruchtfleisch abschälen, die Segmente aus den Häuten lösen, den Saft auffangen.

Die Ente aus dem Bräter nehmen und warm stellen, Bratfett bis auf einen Rest abgießen, den braunen Fond zusammen mit dem Orangensaft, Fruchtfleisch, Orangenschalen und Likör in den Bratensatz hineingeben und ein wenig einkochen. Thymianblättchen vom Zweig zupfen und hacken, zusammen mit Salz, Pfeffer und Zucker in die Sauce geben. Als Beilage eignen sich Broccoliröschen und Mandelkartoffeln.

Profiteroles/Kleine Backkügelchen

Für den Teig:
0,2 l Wasser
50 g Butter
125 g Weizenmehl
3 Eier
20 g Zucker
1 Prise Salz

Für die Schokoladencreme-Füllung:
30 g Weizenmehl
0,1 l Milch
0,1 l Sahne
50 g Zucker
1 Prise Salz
Vanillesamen
1 Ei
1 Eigelb
30 g Butter
0,2 l Sahne,
80 g Zartbitterschokolade
30 g Mandelblättchen
1 Prise Zucker
Butter

Zubereitung des Teigs:
Das Wasser in einer Pfanne mit Salz würzen und mit der Butter aufkochen. Herunternehmen und das Mehl hineinschütten, so lange rühren, bis die Masse glatt ist. Die Eier mit Zucker schlagen und in die Teigmasse einarbeiten; diese daraufhin abkühlen lassen. Danach den Teig mit einem Spritzsäckchen in ca. 20 Portionen auf ein gebuttertes Backblech geben. Weitere 30 Minuten stehenlassen, dann 15 Minuten bei 150 Grad backen. Herausnehmen und abkühlen lassen.

Zubereitung der Schokoladencreme-Füllung:
Das Weizenmehl in einem Topf mit Milch von der Mitte aus anrühren. Sahne, Zucker, die Prise Salz und den Vanillesamen, der aus einem längs aufgeschnittenen Vanillestengel herausgelöst wurde, mit einem Ei und einem zusätzlichen Eigelb verrühren, diese Mischung in die Creme geben und unter stetigem Umrühen bei mäßiger Hitze leicht aufkochen. Dann die Butter einarbeiten. Zum Schluß die weiteren 0,2 l Sahne steif schlagen und unter die Creme ziehen und darin die Zartbitterschokolade in Splittern so lange beigeben, bis diese sich in der heißen Masse aufgelöst haben. Diese Schokoladen-Füllcreme in die abgekühlten und ausgestochenen Profiteroles einfüllen. Mit etwas in Butter gebräuntem Zucker überziehen und mit den Mandelblättchen garnieren.

Ein Gala-Menü auf französischem Boden

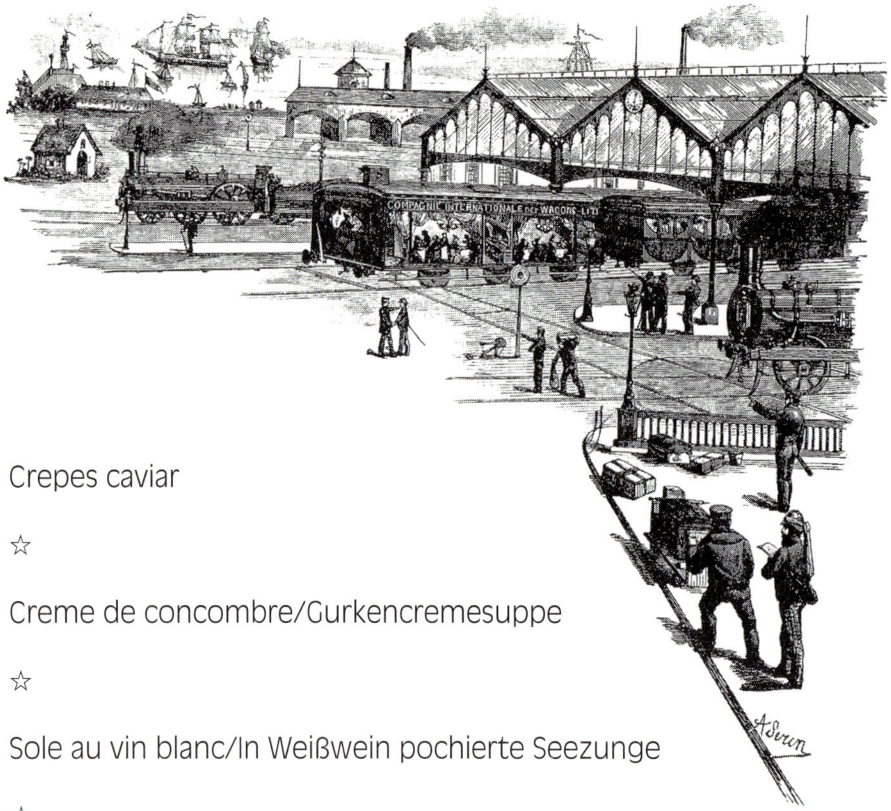

Crepes caviar

☆

Creme de concombre/Gurkencremesuppe

☆

Sole au vin blanc/In Weißwein pochierte Seezunge

☆

Étuvée de veau au vin rouge en gratin Dauphinoise/
Gedünstetes Kalbfleisch in Rotwein an Gratin
nach Art der Dauphiné

☆

Soufflé au Grand Marnier

Crêpes caviar
(für 12 Stück)

Für den Teig:
125 g Mehl
2 Eier
¼ l Wasser
⅛ l Milch
1 Prise Salz
2 EL Zitronensaft
Butter zum Anbraten

Für die Füllung:
12 EL Zitronensahne
12 TL Beluga-Kaviar
Dillspitzen

Das Mehl, die Eier, Wasser und Milch zu einem geschmeidigen Teig verrühren, mit Salz abschmecken und stehenlassen. Die süße Sahne mit einer Prise Salz und dem Zitronensaft steif schlagen. Etwas Butter in einer Pfanne erhitzen und etwa 12 dünne Crêpes ausbacken und jeweils warm stellen.
Je 1 EL von der Zitronensahne und obendrauf einen TL Kaviar in die Mitte jeder Crêpes geben und mit Dillspitzen bestreuen. Die Crêpes zusammenklappen und sehr warm servieren.

Creme de concombre/Gurkencremesuppe
(für 4 Personen)

500 g Schmorgurken
3 Kartoffeln
1 Zwiebel
50 g geräucherter Speck
2 EL Olivenöl
0,75 l Hühnerbrühe
1 Knoblauchzehe
1 Bund feingehackter Dill
Salz und Pfeffer

Die Schmorgurken schälen, entkernen und würfeln. Mit einem EL Ölivenöl in einem Topf andünsten und mit der Hälfte der Hühnerbrühe weichköcheln, dann pürieren. Währenddessen die Kartoffeln und die Zwiebel schälen und ebenso wie den Speck in Würfel schneiden. Das Olivenöl in einem Topf erhitzen und in der Reihenfolge: Speck, Zwiebel und Kartoffeln darin andünsten. Mit der feinen Hühnerbrühe auffüllen und mit der zerdrückten Knoblauchzehe, sowie Salz und Pfeffer würzen. Am Schluß die pürierten Schmorgurken dazugeben, gründlich verrühren und noch einmal kurz ankochen. Mit dem feingehackten Dill bestreuen und heiß servieren.

Sole au vin blanc/In Weißwein pochierte Seezunge (mit Béchamelsauce)
(pro Person)

Für den Fisch:
1 Seezunge (350–400 g)
3 EL Fischfond
0,2 l Weißwein
Salz und Pfeffer

Für die Béchamelsauce:
0,15 l Milch
1 Zwiebel
1 Lorbeerblatt
6–8 Pfefferkörner
1 Msp. Muskat
1 Stengel Petersilie
50 g Butter
50 g Mehl
Kresse

Zubereitung des Fisches:
Die Seezunge in eine gebutterte Sauteuse legen. Leicht mit Salz und Pfeffer würzen. Den Fischfond und den Weißwein hinzufügen. Zugedeckt im Ofen bei Mittelhitze pochieren, also in siedender Flüssigkeit garen. Zwei- bis dreimal mit der Flüssigkeit begießen. Sobald der Fisch gar ist, nach etwa 15 Minuten also, auf vorgewärmtem Teller warm stellen. Der Fischsud ist die Grundlage für die Béchamelsauce.

Zubereitung der Béchamelsauce:
Den Fischsud mit der Milch, der geviertelten Zwiebel, dem Lorbeerblatt, den Pfefferkörnern, der Prise Muskat und dem Stengel Petersilie in einen Topf geben. Zudecken und bei kleiner Hitze 10 Minuten erhitzen, nicht kochen. Das Ganze zehn Minuten stehenlassen, dann durch ein Sieb passieren. Die Butter im Topf für eine Mehlschwitze zerlassen, nicht bräunen, das Mehl dazugeben und gut vermischen. Den durchgeseihten Sud unter stetigem Rühren dazugeben, so lange, bis die Sauce cremig ist. Mit Salz und Pfeffer abschmecken.
Die warmgestellte Seezunge mit dieser Sauce übergießen, mit Kresse fein garnieren und mit grünem Salat und einer neuen Kartoffel servieren.

Étuvée de veau au vin rouge en gratin dauphinois/Gedünstetes Kalbfleisch in Rotwein an Kartoffelgratin nach Art der Dauphiné
(für 4 Personen)

Für das Kartoffelgratin:
1 Pfund rohe Kartoffeln
1 Knoblauchzehe
Butter
Süße Sahne
0,25 l Milch
2 Eigelb
Gruyére-Käse
1 Msp Muskat
Salz und Pfeffer

Für das Kalbfleisch:
750 g Kalbfleisch von Schulter oder Backe
1 Zwiebel
1 EL Mehl
¼ l Fleischbrühe
150 g Champignons
0,2 l leichter franz. Rotwein
Öl
Salz und Pfeffer

Zubereitung des Kartoffelgratins:
Eine feuerfeste Form mit einer aufgeschnittenen Knoblauchzehe ausreiben und mit einigen Butterflöckchen auslegen. Die Kartoffeln schälen, in feine Scheiben hobeln und in einer Schicht in die Form legen. Mit Salz und Pfeffer würzen und die süße Sahne darübergießen. Drei dünne Schichten auf diese Weise auffüllen. Über die oberste Schicht die Milch gießen, in die vorher die beiden Eigelb verquirlt worden sind. Mit weiteren Butterflöckchen garnieren, mit geriebenem Gruyére-Käse bestreuen, mit einer Prise geriebenem Muskat würzen und im Ofen ca. 30 Minuten bei guter Hitze überbacken.

Zubereitung des Kalbfleisches:
Das Kalbfleisch in Würfel schneiden. Die Zwiebel hacken und beides in Öl anbraten. Mit dem Mehl bestreuen, weiter anbraten, bis das Äußere leicht gebräunt ist, die Fleischbrühe dazugießen und ankochen. Die Champignons blättrig schneiden und dazugeben, mit Salz und Pfeffer würzen. Am Schluß den Rotwein aufgießen und das Fleisch eine knappe Stunde lang bei kleiner Hitze darin dünsten.

Soufflé au Grand Marnier
(für 4 Personen)

½ Stange Vanille
0,5 l Milch
125 g Zucker
4 Eier
40 g Mehl
2 cl Grand Marnier
1 Dessertlöffel Zucker

Eine Backform einfetten und stehenlassen. Die Stange Vanille mit einem scharfen Messer halbieren und sie in der Milch so lange ausköcheln, bis ihr Mark zerkocht ist und die Milch den Farbton von Vanilleeis besitzt. Die mitgekochten Schoten werden weggeworfen. Zucker und vier Eigelb in einem Topf verrühren, das Eiweiß wird beiseite gestellt. Jetzt das Mehl hinzugeben und die Masse in die Vanille-Milch langsam einrühren. Kurz aufkochen lassen und den Grand Marnier untermischen. Das Eiweiß der 4 Eier zu Schnee schlagen, kurz vor dem Fertigwerden den Dessertlöffel Zucker untermischen. Das Ganze mit einem Holzlöffel verbinden und in die gefettete Form geben; ca. 10 Minuten bei mittlerer Hitze im vorgeheizten Backofen backen.

Ein Gala-Menü von 1928:

1. Ilomard à la Française, Sauce Tartar
2. Selle d'Agneau Renaissance
3. Fond d'Artichants Colbert
4. Poularde à la Gelee d'Estragon
5. Coeurs de Laiture Maison d'Or
6. Peches à l'Impératrice

Ein Gala-Menü im „Fléche d'Or" von 1930:

1. Potage Cressoniére
2. Quenelles de brochet à la Lyonnaise
3. Grenadin de Veau jardiniére
4. Pommes Anne
5. Céleri au Madére
6. Coupe Fléche d'Or, Cobeille de Fruits

Ein Gala-Menü von 1911:

1. Omelette à la Reina/Omelet Königin-Art
2. Velouté Granada/Rahmsuppe Granada
3. Truite de riviere meuniére/
   Bachforelle nach Müllerin-Art
4. Poulet de grain grillé à Diable/
   Paniertes Backhuhn
5. Soufflé au Grand Marnier

Innenansicht eines Salonwagens 1910

Dritte Station
München, Hauptbahnhof, 10.25 Uhr vormittags

Der klassische Orientexpress fuhr von Paris aus über Straßburg nach Süddeutschland. München war der bedeutendste deutsche Haltebahnhof. Auf einer Route London-Bukarest fuhr der Zug ab 1932 auch über Karlsruhe und Stuttgart. Von Stuttgart aus nahm dann ein Zugexemplar den Weg nach Zürich, wo er vier Stunden später eintraf. Der Stammzug blieb auf der alten Strecke Richtung Wien.

Den Reisenden blieb in München kaum Zeit, in Ruhe aus- und einzusteigen. Der Orientexpress hielt zur Jahrhundertwende aus unerfindlichen Gründen nur ganze vier Minuten. Was das mit aufwendiger Equipage bedeutete, können heutige ICE-Reisende ermessen, die ebenfalls über vier Minuten verfügen. Aber damals standen den Fahrgästen ja umsichtige und freundliche Stewards zur Verfügung.

In der Eile entging den Reisenden das Erlebnis des Hauptbahnhofs. Friedrich Bürklein hatte schon 1849 einen Vorgängerbahnhof im Rundbogenstil geschaffen, die Bahnsteighalle war ein kühner Entwurf aus tonnenförmig vernagelten Holzbindern gewesen, die die insgesamt fünf Gleise in schwungvollem Bogen überdachten. Beeindruckend war die heitere Farbenpracht der Terrakottaverkleidung an der Fassade. Dieser Bahnhof wurde 1858 auf eine stattliche Front von 192 Meter ausgebaut und mit Fresken von Michael Echter verziert. Eine neue vierschiffige Halle aus Stahl, mit später darangesetzten zwei Seiten„schiffen" (Holzkirchner- und Starnberger Bahnhof), löste schließlich 1884 den alten Bau ab, wobei die Hauptfront des alten Bürklein-Baues beibehalten blieb. Auf sechzehn Gleisen liefen die Züge in den Sackbahnhof ein und aus. Eine imposante äußere Hülle für den prächtigen Orientexpress!

Kurz hinter München war es, als zur Jahrhundertwende wegen eines nicht gemeldeten Gleisschadens der Orientexpress plötzlich bremsen mußte. In diesem Moment war natürlich auch dieser vielgerühmte Zug in Kontraktionen, dessen erschütterungslosen Lauf Nagelmackers einst dadurch demonstriert hatte, daß er ein randvolles Glas Champagner an der ausgestreckten Hand hielt, ohne einen Tropfen zu verschütten. Im Speisewagen stürzten Karaffen, Kaffeekannen, Gläser mit süßem Sherry und feines Porzellan mit englischem Sandkuchen, Sachertorte und Apfelstrudel durcheinander. Mit all dem Kuchengeschirr fiel auch die Erzherzogin von Österreich zu Boden und streckte die Beine in die Luft. Aus dieser Lage befreite sie ein Fahrgast, der sich danach ihrer Dankbarkeit kaum erwehren konnte.

Normalerweise kam es jedoch nicht zu solchen „Erschütterungen". Während der Zug über deutsche Gleise lief, sahen die Regeln der „CIWL" vor:

„In Deutschland ist das Menü in deutscher und französischer Sprache sauber mit Tinte zu schreiben ... Etwa zwei Stunden vor Beginn der Table d'hote hat sich der Kellner in die Abteile der Schlafwagen zu begeben und sich unter Vorweisung des Menüs über die Anzahl der Reisenden, welche an der gemeinsamen Mahlzeit teilzunehmen wünschen, zu informieren."

Rundum also ein komfortables Reisen für die Gäste der „Polsterklasse" – nur sie waren lange

Zeit, im wesentlichen bis 1919, für die Gala-Dinners im Speisewagen zugelassen. Die Reisenden der 3. Klasse, also der „Holzklasse", manchmal auch die der 2. Klasse, mußten in ihrem Bereich verweilen. Der Orientexpress verließ München in Richtung Süden. Die Stammroute führte direkt nach Wien, eine andere über Zürich nach Venedig. Auf dieser Strecke des „Venedig-Simplon-Orient-Express" fahren auch wir in einem Abstecher weiter.

Innenansicht einzelner Abteile, Holzschnitt 1884

Deutschland à la Carte

Gänselebermedaillons
(pro Person)

1 rohe Gänsefettleber
1 Ei
feingehackte Trüffeln
1 EL Butter
0,1 l Madeira
Demi-glace
Salz

Aus der Gänseleber Medaillons von ca. 70 g schneiden. Leicht mit Salz würzen, in das geschlagene Ei tauchen und in der feingehackten Trüffel wenden, dabei die Trüffelstückchen fest andrücken. Sehr kurz in der Butter sautieren, die Butter abgießen, den wenigen Bratensatz mit dem Madeira-Wein ablöschen. Trüffelstückchen dazugeben und mit Demi-glace abschmecken. Die Gänselebermedaillons auf vorgewärmten Tellern mit der Sauce überziehen und sofort servieren.
Dazu paßt leicht geröstetes, bäuerliches Weißbrot.

Gebundene Dillsuppe
(für 2 Personen)

20 g Speisestärke
2 Eigelb
0,25 l Milch
0,5 l Fleischbrühe
Salz
Zitronensaft
6 EL Dill
30 g Butter
2 EL Fleischbrühe

Die Speisestärke mit dem Eigelb und einem Schuß von der Milch anrühren. Die restliche Milch mit der Fleischbrühe – oder Rinderfond – aufkochen und mit der angerührten Stärke binden. Mit Salz und Zitronensaft abschmecken. Den feingehackten Dill in der Butter ganz leicht andünsten, mit einem weiteren EL Fleischbrühe ablöschen und ebenso wie ein weiteres Eigelb in die Suppe einrühren. Heiß servieren.

Steinbutt mit Basilikumsauce
(Fisch pro Person, Sauce für 4 Personen)

Für den Fisch:
1 Steinbutt von ca. 300 g
1–2 Basilikumzweige
Fischfond
0,1 l Weißwein

Für die Basilikumsauce:
3 Schalotten
25–30 Basilikumblätter
½ EL Butter
1 EL Essig
4 EL trockener Weißwein
1 Prise Cayennepfeffer
Salz

Zubereitung des Steinbutts:
Den Fisch waschen und trockentupfen. 2 Basilikumzweige unter den gebutterten Dampfeinsatz eines Fischtopfs legen, von wo der Fisch leichter auf den vorgewärmten Teller zum Servieren gleitet. Den Steinbutt auf den Einsatz legen. Mit Fischfond und Weißwein angießen. In ca. 20 Minuten bei milder Hitze garen. Garprobe, ob sich die Rückengräte leicht vom Fleisch löst.

Zubereitung der Basilikumsauce:
Die Schalotten feinhacken, ebenso 15 Basilikumblätter, beides mit Butter in einer Kasserolle kurz anschmoren. Essig und Weißwein dazugießen und bis auf einen EL Flüssigkeit einkochen. Vom Herd nehmen und kurz abkühlen lassen. Einige Butterflöckchen und 10 gehackte Basilikumblätter mit dem Schneebesen dazugeben. Die Butter darf dabei nicht ausflocken, sie muß von der cremeartigen Sauce ganz aufgenommen werden. Also nicht zu große Flöckchen nehmen und darauf achten, daß die Sauce nicht kocht.
Die Sauce mit Cayennepfeffer und Salz abschmecken, noch einmal erhitzen und sofort über den inzwischen fertigen oder nach Fertigstellung warmgestellten Steinbutt gießen. Das Gericht mit einigen zusätzlichen Basilikumblättern garnieren.

Münchener Tellerfleisch an Meerrettich
(für 4 Personen)

750 g gut abgehangenes Rindfleisch
vom Brustkern mit Knochen
2 l Wasser
1 Zwiebel
Suppengrün
Salz

Die gewaschenen Knochen in kaltem Wasser zusetzen, Salz und das gewaschene, geklopfte Fleisch in die kochende Brühe geben, langsam weichkochen (2–3 Stunden). 1 Stunde vor Garzeit das Suppengrün und die Zwiebel zugeben. Das fertige Fleisch aus der Brühe heben, in Scheiben schneiden und auf Holztellern, zusammen mit geriebenem Meerrettich servieren. Dazu passen eingelegte Kürbisse und Weißbrot.

Grießpudding mit Himbeersauce
(für 4 Personen)

Für den Grießpudding:
½ l Milch
1 Stück unbehandelte Zitronenschale
¼ Vanillestange
50 g Zucker
50 g feiner Weizengrieß
1 Ei

Für die Himbeersauce:
¼ l Himbeersirup
¼ l Wasser
Zitronensaft
1 Prise Zimt
1 EL Stärkemehl

Zubereitung des Grießpuddings:
Milch, Zitronenschale, Vanillestange und Zucker zusammen aufsetzen und zum Kochen bringen. Den Grieß unter Rühren einschütten und weiterrühren bis die Masse eindickt. Zitronenschale und Vanillestange entfernen. Das Eigelb unterrühren und das zu steifem Schnee geschlagene Eiweiß unterheben. In eine kalt ausgespülte Form füllen und abkühlen lassen.

Zubereitung der Himbeersauce:
Reinen Himbeersirup und Wasser vermischen, aufkochen lassen, falls nötig zuckern, mit Zitronensaft und Zimt abschmecken. Das Stärkemehl mit etwas kaltem Wasser anrühren und die Sauce damit binden.

Den Pudding auf einen Teller stürzen, die Sauce separat warm servieren.

Ein Gala-Menü auf deutschem Boden

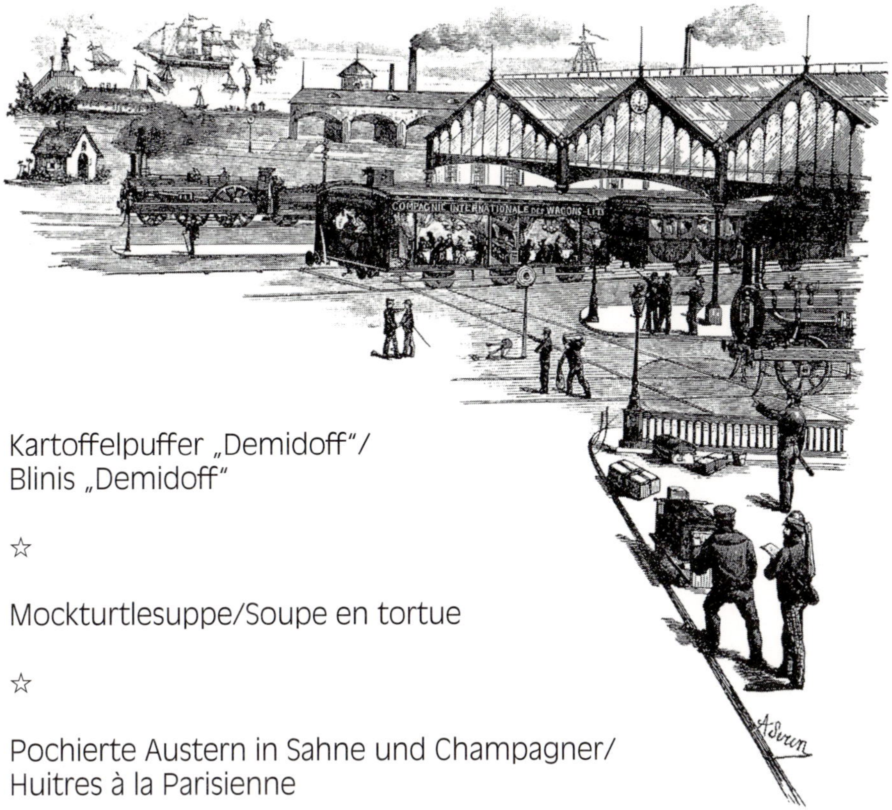

Kartoffelpuffer „Demidoff"/
Blinis „Demidoff"

☆

Mockturtlesuppe/Soupe en tortue

☆

Pochierte Austern in Sahne und Champagner/
Huitres à la Parisienne

☆

Hähnchen in Wein, Burgunder Art/
Coq au vin à la bourguignonne

☆

Torte Tartin/Tarte Tartin

Kartoffelpuffer „Demidoff"/ Blinis „Demidoff"

(für 12 Personen)

800 g Kartoffeln
250 g Zwiebeln
3 Eier
50 g Butterschmalz
60 g Kaviar
200 g Crème fraîche
Salz und Pfeffer

Die Kartoffeln schälen und mit einer Raspel halb grob, halb fein in eine Schüssel reiben. Die Zwiebeln schälen und ebenfalls fein hineinreiben, die Eier hineinschlagen, mit Salz und Pfeffer abschmecken, alles gut vermischen. In einer Pfanne das Butterschmalz erhitzen und darin 24 Blinis goldgelb backen. Die Blinis auf ein Küchentuch legen und auf jedes 5 g Störkaviar – ersatzweise Lachskaviar – geben. Auf warmen Tellern anrichten. Dazu in einer getrennten Sauciere die Crème Fraîche reichen.

Mockturtlesuppe/Soupe en tortue

(für 12 Personen)

1,5 kg Kalbskopf
1 Karotte
1 Scheibe Sellerie
2 Stengel Thymian
1 Lorbeerblatt
1 Bund Petersilie
1 Stange Lauch
100 g Champignonköpfe
1 Prise Salz
2 l Wasser
0,5 l Kalbsfond
1 Schuß Madeira
1 Prise Cayennepfeffer
Kalbfleischklößchen
1 EL Schildkrötenkräuter (bestehend aus Basilikum, Majoran, Bohnenkraut, Rosmarin, Salbei, Thymian, Koriander, Lorbeerblatt, Pfefferkörner, Petersilie, abgeriebene Zitronenschale)

Den Kalbskopf waschen, zusammen mit dem Gemüse und der Prise Salz im Wasser bei kleiner Hitze köcheln, bis die Zutaten weich sind. Den Kalbskopf herausnehmen und kalt stellen. Die Brühe durch ein Sieb passieren und auf 1,5 l einkochen. Den Kalbsfond dazugeben und kurz aufkochen. Die Schildkrötenkräuter (die man als fertiges Bündel bekommt oder selbst zusammenstellt) in einen Leinenbeutel füllen und 5 Minuten kräftig in der Brühe ziehen lassen. Mit dem Madeira und der Prise Cayennepfeffer abschmecken.

Die verwendbaren Teile des Kalbskopfes in Würfel schneiden und als Einlage in die Suppe geben. Als weitere Einlage eignen sich Kalbfleischklößchen, die am Schluß kurz mitziehen.

Weihnachten im Speisewagen

Pochierte Austern in Sahne und Champagner/Huitres à la Parisienne

(für 4 Personen)

24 Austern
½ Fl. Champagner
2 Schalotten
½ l Wasser
⅛ l Sahne
1 Eigelb
1 TL Zitronensaft
1 EL Wasser
Salz und Pfeffer
eisgekühlte Butterflöckchen

Die Austern vorsichtig öffnen, die Muscheln von der flacheren Oberschale ablösen und das in den unteren Schalen enthaltene Austernwasser durch ein Sieb gießen, um eventuelle Muschelsplitter zu entfernen. Die Hälfte des Champagner zu der Muschelflüssigkeit in einen Kochtopf gießen, erhitzen; Austern pochieren, d.h. kurz hineingeben und wieder herausnehmen, bevor der Sud kocht. Die Schalotten hacken und zusammen in ¼ l Wasser und der zweiten Hälfte Champagner bei starker Hitze auf ein Viertel des Volumens einkochen. Danach die Sahne hinzutun und bis auf eine dickliche Sauce weiter einkochen. Währenddessen ein Töpfchen in ein Wasserbad stellen, das Eigelb mit dem Zitronensaft und 1 EL Wasser verquirlen, mit Salz und Pfeffer abschmecken und auf diese Weise eine Creme entstehen lassen. Einige eisgekühlte Butterflöckchen unterziehen. Die so entstandene Sauce mit der eingekochten Sahnesauce vermengen. Die Austern in die tieferen ihrer beiden Schalen einlegen und auf eine feuerfeste Platte setzen, die Sauce darübergießen. Im vorgeheizten Grill ganz kurz gratinieren und schnell servieren.

Hähnchen in Wein, Burgunder Art/ Coq au vin à la bourgignonne

(für 4 Personen)

1 Junghahn
100 g Speck
2 gehackte Zwiebeln
1 Knoblauchzehe
1 EL Öl
2 cl Cognac
0,4 l roter Burgunder
1 EL Mehl
40 g Butter
100 g Champignons
1 TL Petersilie
1 TL Selleriekraut
Thymian
Salz und Pfeffer

Das Geflügel in vier Teile schneiden, zusammen mit dem gewürfelten Speck, den gehackten Zwiebeln und einer zerdrückten Knoblauchzehe in Öl anbraten. Wenn das Fleisch schön goldbraun ist, mit dem Cognac flambieren, mit Salz, Pfeffer und etwas Thymian würzen, den roten Burgunder einfüllen und zugedeckt auf kleiner Flamme dünsten lassen. Kurz darauf die Prise Mehl darüber stäuben und kräftig umrühren, die Hälfte der Butter dazugeben und ungefähr 20 Minuten leicht köcheln lassen. Am Schluß die in Scheiben geschnittenen Champignons in der restlichen Butter andünsten und für kurze Zeit mit dem Hähnchen mitdünsten. Mit Petersilie und Selleriekraut bestreuen.
Dazu eignen sich Salzkartoffeln und ein leichter Cotes-de-Beaune.

Torte Tartin/Tarte Tartin
(für 8 Personen)

Für den Teig:
250 g Mehl
150 g Butter
1 Ei
100 g Zucker
1 TL Salz

Für den Belag:
200 g Butter
200 g Zucker
2 kg Äpfel
1 Päckchen Vanillezucker

Zubereitung des Teigs:
Mehl und Butter mit den Handflächen zu einem trockenen Teig verreiben, das Ei und den Zucker darunter arbeiten und salzen. Den Teig in ein Leinentuch einschlagen und eine gute Stunde kühl stellen.

Zubereitung des Belags:
Währenddessen in einer Kasserolle die Butter schmelzen lassen (nicht bräunen). Die geschälten, entkernten und geviertelten Äpfel mit der Hälfte des Zucker dazugeben und leicht karamelisieren lassen. In einer flachen Kuchenform verteilen, mit dem restlichen Zucker und dem Vanillezucker bestäuben, im vorgeheizten Backofen weiter karamelisieren.

Jetzt den Teig dünn ausrollen und die Form damit abdecken. Einige Löcher in die Teigoberfläche stechen. Bei starker Hitze im Backofen backen, bis der Teig anbräunt (ca. 25 Minuten). Mit Alufolie abdecken und noch ca. 10 Minuten bei mäßiger Hitze weiterbacken lassen. Nach dem Herausnehmen die Backform 10 Minuten auf ein nasses Tuch stellen, dann noch einmal kurz stark erhitzen und stürzen. Bei Tisch zerteilen.

Vierte Station
Zürich, Hauptbahnhof, 14.20 Uhr nachmittags

Der Orientexpress wechselte in seiner Geschichte einigemal die Richtung. Bedingt durch Ereignisse der Politik und Diplomatie, nahm er in den 20er und 30er Jahren als Arlberg-Orientexpress von Frankreich aus nicht mehr Kurs auf München, sondern auf die Schweiz. Diese Route fährt auch heute noch der nostalgische Nachfolger des einst im Jahr 1906 gegründeten „Simplon-Express".
Auf dieser Route wurden in der Nacht die – selbstverständlich mit Dampf betriebenen – Lokomotiven gewechselt. Nachdem die schweizerische Grenze passiert war, besaß der Zug vorübergehend zwei Lokomotiven, eine zum Schieben, die andere zum Ziehen. Heute sind dies Modelle der Klasse AE-47, eine klassische, leistungsstarke Ausführung der Schweizer Eisenbahnen.
Auf dem Weg nach Zürich mußten die beiden Loks des inzwischen 16 Waggons langen Orientexpresses einige Höhenunterschiede überwinden. Währenddessen genossen die Gäste an Bord ein exquisites Frühstück. Ein schöner Tag begann mit Gaumenfreuden und der Aussicht auf einen weiteren, erlebnisreichen Tag im Grandhotel auf Rädern.

Man erreichte den Züricher Hauptbahnhof am frühen Nachmittag. Der Bahnhof spiegelte architektonisch alle Errungenschaften der Jahrhundertwende wieder, und der überwölbte Gang erinnerte die Fahrgäste an das, was sie in der Pariser Gare de l'Est gesehen hatten. Für die verschlafenenen Schweizer Verhältnisse herrschte im Züricher Bahnhof so etwas wie Hochbetrieb. Bereits zur Jahrhundertwende benötigte er deshalb statt bis dahin sechs nun zehn Gleise und wurde dementsprechend umgebaut.
Nach kurzem Aufenthalt ging es im Orientexpress weiter nach Innsbruck und Venedig, oder nach Salzburg und Wien. Zu diesem Zeitpunkt saßen die Reisenden schon wieder im Speisewagen und ließen sich – neben der französischen Küche, die in den Gala-Menüs kulminierte – mit den kulinarischen Spezialitäten der soeben durchfahrenen Region verwöhnen. Auf schweizerischem Gebiet hielt der Zug noch einmal kurz in Sargans, von da aus ging es ohne Halt weiter zur österreichischen Grenze.

Orient-Express, Wandintarsien

Schweiz à la Carte

Entenleber in Marsalawein auf Ackersalat
(für 4 Personen)

Für die Entenleber:
400 g Entenleber
80 ml Marsalawein
1 EL Butter
½ Zwiebel
Salz und Pfeffer

Für den Ackersalat:
200 g Ackersalat
40 ml Sherryessig
10 ml Walnußöl
100 g Walnußkerne
2 EL Crème fraîche
Salz und Pfeffer

Zubereitung der Entenleber:
Die Zwiebel in feine Würfel schneiden und in Butter andünsten. Die gesalzene und gepfefferte Entenleber in die Pfanne geben und 2 Minuten lang gut anbraten. Mit dem Marsalawein ablöschen.

Zubereitung des Ackersalats:
In einer ausreichend großen Schüssel den Sherryessig, Öl, Crème Fraîche, Salz und Pfeffer gut verrühren. Den gesäuberten, gewaschenen und trockengeschleuderten Ackersalat dazugeben und mit einem Salatbesteck wenden. Die Walnußkerne darüber streuen.

Auf den mit dem Dressing gut vermischten Ackersalat die Entenleber in Marsalawein gleichmäßig verteilen.

Klare Walliser Abalonensuppe
(für 6 Personen)

1 l Hühnerbrühe
⅛ l der Abalonenflüssigkeit
125 g Steinpilze
⅛ TL Salz
180 g gekochter Walliser Schinken
125 g Abalonen aus der Dose
65 g gekochte Hühnerbrust
100 g Zuckererbsen

Die Hühnerbrühe erhitzen, die Abalonenflüssigkeit, die in Scheiben geschnittenen Steinpilze und das Salz zugeben und alles 5 Minuten kochen lassen. Den streifig geschnittenen Walliser Schinken, die in Scheiben geschnittenen großen Ohrschnecken sowie die in dünne Scheiben geschnittene Hühnerbrust zugeben und die Suppe wieder zum Kochen bringen. Die Zuckererbsen hinzufügen und nochmals kurz kochen lassen.

Geschnetzeltes Kalbfleisch Zürcher Art mit Berner Rösti
(für 4 Personen)

Für das geschnetzelte Kalbfleisch:
500 g Kalbsfilet
2 EL Butter
1 Zwiebel
6 Champignonköpfe
0,25 l Weißwein
2–3 EL süße Sahne
Salz und Pfeffer

Für das Berner Rösti:
500 g Kartoffeln
1 Zwiebel
3 EL Schmalz
Salz und Pfeffer

Zubereitung des geschnetzelten Kalbfleisch:
Das Kalbsfilet in feine Streifen schneiden und in Butter bei mittlerer Hitze leicht anbraten. Aus der Pfanne nehmen und warm stellen. Die Zwiebel feinhacken und in der Pfanne glasig dünsten, die Champignonköpfe in Scheiben schneiden und mitdünsten. Mit Weißwein ablöschen, etwas einkochen lassen. Die süße Sahne unterrühren und leicht einkochen, mit Salz und Pfeffer abschmecken. Das warmgestellte Fleisch in die cremige Sauce geben und – ohne es kochen zu lassen – in der Sauce wenden.

Zubereitung des Berner Rösti:
Die festkochenden Kartoffeln in ihrer Schale nicht ganz garkochen, sie sollen innen noch halb roh sein. Nach dem Erkalten der Kartoffeln diese schälen und reiben (in der Schweiz gibt es dafür spezielle Rösti-Raffeln). Die Zwiebel feinhacken und in einem EL Schmalz andünsten. Danach unter die Kartoffeln mengen und mit Salz und Pfeffer abschmecken. In einer massiven, am besten gußeisernen Stielpfanne einen weiteren EL Schmalz erhitzen, die Kartoffelmasse dazugeben und flachdrücken. Bei mittlerer Hitze ca. 10 Minuten rösten, bis sich unten eine braune Kruste gebildet hat. Auf einen Teller gleiten lassen. In der Pfanne wiederum 1 EL Schmalz erhitzen und die Rösti von der anderen Seite knusprig werden lassen. Sofort zum Geschnetzelten servieren.

Salonwagen Nr. 4018, Pullman-Wagen

Heißer Krebsauflauf Tessiner Art
(für 4 Personen)

60 g Schweizer Hüttenkäse
1 EL Milch
2 TL Worcestershiresauce
225 g Krebsfleisch aus der Dose
2 Frühlingszwiebeln
2 EL Mandelblättchen
1 TL feingehackte Petersilie

Den frischen Hüttenkäse, die Milch und die Worcestershiresauce miteinander verrühren. Das zerpflückte Krebsfleisch und die feingehackten Frühlingszwiebeln untermischen. Die Masse in eine feuerfeste Form von ca. 22 cm Durchmesser füllen und die Mandeln am Rand entlang aufstreuen. Im vorgeheizten Backofen 15 Minuten überbacken. Auf einem Stövchen warm halten. Vor dem Auftragen in der Mitte mit der Petersilie bestreuen.

Zuger Kirschtorte

Für die Makronenmasse:
3 Eiweiß
150 g Zucker
100 g Mandeln

Für das Bisquit:
40 g abgezogene Mandeln
5 Eier
100 g feiner Zucker
125 g Mehl

Für die Füllung:
2 Eigelb
50 g Zucker
30 g Stärkemehl
¼ l Milch
150 g Butter
100 g Puderzucker
4 EL Kirschwasser
Vanillezucker

Zum Tränken:
6 EL Wasser
8 EL Kirschwasser

Zubereitung der Makronenmasse:
Eiweiß zu sehr steifem Schnee schlagen. Den Zucker nach und nach dazugeben und solange schlagen, bis die Masse glänzt. Zuletzt die geriebenen Mandeln darunterziehen. Aus der Masse in mit gebuttertem Pergamentpapier ausgelegter Springform nacheinander zwei dünne Böden backen, sie sollten ganz hell bleiben. Die Backzeit beträgt 30 Minuten bei 120 Grad. Nach dem Backen stürzen, das Pergamentpapier mit kaltem Wasser bepinseln und abziehen.

Zubereitung des Bisquitbodens:
Eiweiß zu steifem Schnee schlagen, den Zucker nach und nach zugeben und so lange weiterschlagen, bis der Eisschnee glänzend ist. Die verquirlten Eigelb und zuletzt das gesiebte Mehl locker darunterheben. Ein gefettetes Backblech mit Pergamentpapier belegen, das Papier mit Butter bestreichen, die Biskuitmasse daraufstreichen und bei 220 Grad 10 Minuten lang ausbacken. Biskuit danach sofort auf ein mit Zucker bestreutes Holzbrett stürzen, das Papier rasch abziehen.

Zubereitung der Füllung
(gemischte Buttercreme):
Die Eigelb mit Zucker, Stärkemehl und etwas kalter Milch glattrühren. Die restliche Milch dazugeben, unter ständigem Rühren mit dem Schneebesen am Feuer abschlagen, bis die Masse einmal aufpufft, danach vom Feuer nehmen und erkalten lassen. Die Butter schaumig rühren, gesiebten Puderzucker darunterarbeiten. Die erkaltete Masse löffelweise darunterrühren. Mit dem Vanillezucker und dem Kirschwasser abschmecken.
Nun wird die Torte aus den Einzelteilen zusammengesetzt. Dazu legt man einen Makronenboden auf die Tortenplatte und bestreicht sie mit ¼ der Buttercreme. Den Biskuitboden darauflegen, mit dem verdünnten Kirschwasser saftig tränken. Den Biskuit mit knapp der Hälfte der restlichen Buttercreme überziehen, den zweiten Makronenboden darauflegen. Die Torte und den Tortenrand mit der restlichen Buttercreme überziehen. Mit einem Messer ein Gittermuster auf die Torte zeichnen. Die Torte mit Puderzucker übersieben. Den Tortenrand mit Krokantmandeln bestreuen. Die Torte einen Tag lang stehen lassen.

Ein Gala-Menü auf Schweizer Boden

Fischsuppe französische Art/
Soupe de poissons à la Francais

☆

Kaviar im Schlafrock/Caviar en robe

☆

Wachteln im Sarkophag/Cailles en sarcophage

☆

Fasan im Topf/Faisan en cocotte

☆

Coupe Jacques

Fischsuppe französische Art/ Soupe de poissons à la Francais
(für 4 Personen)

¾ Kilo Suppenfisch (wegen ihres Eigengeschmacks am besten Edelfische wie: Rascasse, Seewolf, Drachenkopf, Goldbrasse, Hechtdorsch, Peterfisch, Seezunge, Meeräsche, Seeaal, Seeteufel)

2 Schalotten
Olivenöl
0,2 l Weißwein
250 g Miesmuscheln
2 Lauchstengel
2 geschälte Tomaten
2 Knoblauchzehen
Fenchelkraut
1,5 l Wasser
2 Lorbeerblätter
1 TL Pfefferkörner
1 Msp. Safran
1 Eigelb
⅛ l saure Sahne
Baguette
Petersilie
Salz und Pfeffer

Die Schalotten kleinhacken und in dem Öl andünsten. Mit dem Weißwein ablöschen, salzen und pfeffern. Die Miesmuscheln aus dem Glas ca. 5 Minuten lang bei starker Hitze dazugeben. Der gesamte Sud wird abgesiebt und zur Seite gestellt, die Muscheltiere werden aus der Schale genommen und warm gestellt.
Jetzt werden die Lauchstengel feingeschnitten, die Tomaten geschält und kleingehackt, die Knoblauchzehen zerdrückt, etwas Fenchelkraut zerschnitten und das Ganze in dem Wasser zusammen mit den Lorbeerblättern und den Pfefferkörnern in 15 Minuten gekocht. Der frische, entgrätete und ausgenommene Fisch wird in Stücke geschnitten und zusammen mit den Muscheltieren dem Muschelsud beigegeben. Die Prise Safran einstreuen und weitere 15 Minuten kochen, wobei die unterschiedlichen Garzeiten der Fische beachtet werden müssen! Festfleischige Fische wie z. B. Rascasse oder Meeraal müssen mindestens 5 Minuten länger kochen als zartfleischige wie Seeaal, Barsch usw.
Ganz zum Schluß, die Suppe darf nicht mehr kochen, soll aber sehr heiß sein, werden das Eigelb und die saure Sahne vermischt und mit der Suppe gebunden. In die Suppenschüssel pro Person eine Scheibe Baguette legen und mit Petersilie bestreuen. Die heiße Suppe darüber leeren. Dazu eignet sich ein gut gekühlter Roséwein.

Kaviar im Schlafrock/Caviar en robe
(pro Person)

1 mehlig kochende Kartoffel
2 EL Crème fraîche
1 EL Kaviar
Salz und Pfeffer

Die große Kartoffel in Salzwasser garen, etwas abkühlen lassen, nicht schälen. Der Länge nach einen Deckel abheben, den unteren Teil der Kartoffel zu etwas mehr als ein Drittel aushöhlen und leicht mit Salz und Pfeffer würzen. Mit der Hälfte der – unbedingt eisgekühlten – Crème fraîche füllen. Darauf den Kaviar geben. Mit dem Rest der Crème fraîche überziehen und den Deckel aufsetzen. Dazu eignet sich ein eisgekühlter Wodka.

Wachteln im Sarkophag/ Cailles en sarcophage

(für 4 Personen)

8 Wachteln
Tiefgefrorener Blätterteig
6 cl Cognac
Pfeffer aus der Mühle
Salz
125 g rohe Gänsestopfleber
40 g schwarze Trüffeln
Salz
2–3 EL Tafelöl
2–3 EL Speiseöl
3 Schalotten
1 Karotte
50 g Sellerie
0,15 l Weißwein
1 l Kalbsfond
8 Champignonköpfe
50 g Butter
1 Gläschen Portwein
40 g eiskalte Butterwürfel

Den Tiefkühl-Blätterteig so formen und backen, daß „sarkophagähnliche" Pastetchen entstehen. Beiseite stellen. Die Wachteln vom Rücken her auslösen, nur die Knochen an den Schenkeln belassen. Auf eine Platte legen, mit 2 cl Cognac und Pfeffer marinieren. Die Gänsestopfleber in 8 Streifen schneiden, mit weiteren 2 cl Cognac und Pfeffer marinieren. Die schwarzen Trüffel mit 10 g Butter in einer Pfanne kurz anschwitzen, mit dem nicht aufgesogenen Cognac der Stopfleber und der Wachteln flambieren. Die Wachteln mit der Leber und den Trüffeln füllen, mit Salz würzen und in die Pastetchenform geben. Mit einem Holzspieß zustecken und kalt stellen.

Jetzt das Tafelöl in einem Topf erhitzen und die Wachtelknochen darin bräunen. Die Schalotten sowie die Karotte und die Sellerie in Würfel schneiden und zu den Knochen geben, noch einmal leicht anbräunen. Mit Weißwein ablöschen und einköcheln lassen. Den Kalbsfond dazugeben, langsam eine halbe Stunde lang köcheln lassen. Die Sauce dann durch ein Sieb passieren. Mit Salz und Pfeffer abschmecken. Die Champignonköpfe in 20 g Butter langsam bräunen, wieder salzen und pfeffern und warm stellen.
Speiseöl in einer Pfanne erhitzen, die Wachteln auf den Brustseiten braun anbraten, danach im heißen Ofen bei 200 Grad 6–8 Minuten braten. Den Blätterteig „Sarkophag" auf ein Backblech setzen. Je eine Wachtel nehmen, den Holzspieß entfernen und sie hineinlegen. Das Fett aus der Pfanne abgießen, mit je 2 cl Cognac und dem Schuß Portwein den Satz loskochen und zur Sauce geben. Den Blätterteig mit den Wachteln nach ca. 3–4 Minuten in den heißen Backofen geben. Die Sauce erhitzen und die eiskalten Butterwürfel einschwenken. Die Wachteln im Blätterteig auf Teller legen, Champignonköpfe beilegen, mit wenig Sauce übergießen. Den Rest der Sauce in einer Sauciere getrennt servieren.

Cie WAGONS LITS
CIE INTERNATIONALE DES WAGONS-LITS
PULLMAN CAR
The GOLDEN ARROW
ALL PULLMAN TRAIN
DAILY BETWEEN
LONDON CALAIS PARIS
Departs: LONDON 10.45 a.m. Arrives: PARIS 5.40 p.m.
Departs: PARIS 12 noon Arrives: LONDON 7.15 p.m.
PRINTED BY THE SUNGRAVURE PROCESS

Plakat 1926

Fasan im Topf/Faisan en cocotte
(für 2 Personen)

1 junger Fasan
80 g fetter Speck
80 g Butter
Pfeffer und Salz
0,1 l Madeira
1 geschälte Trüffel und Trüffelsaft
(aus der Dose)
1 EL Fleischbrühe

Den Fasan waschen und abtrocknen, leicht mit Pfeffer und Salz einreiben. Mit zwei breiten Scheiben fettem Speck einwickeln und diese mit Küchengarn festbinden. Die Butter in einem Topf erhitzen und das Geflügel darin von beiden Seiten anbraten. In den vorgeheizten Backofen schieben und bei 220 Grad Mittelhitze goldbraun braten, dabei mit Bratfett übergießen. Nach ca. 30 Minuten aus dem Topf nehmen und warm stellen. Das Bratfett abgießen, den Bratensatz mit Madeira, Trüffelsaft und Fleischbrühe aufkochen. Die Trüffel in Streifen schneiden und hinzugeben. Den Fasan wieder in den Topf legen und darin in der Sauce servieren. Dazu eignen sich in Butter gebräunte Weißbrotcroutons.

Coupe Jacques
(für 4 Personen)

2 EL Kirschlikör
100 g Erdbeeren
50 g Kirschen
2 gehäutete Pfirsiche
Erdbeereis
Zitroneneis
süße Sahne
Vanillezucker

Den Kirschlikör in eine Schüssel geben. Darin das frische Obst vermischen und ca. 1 Stunde lang ziehen lassen. Je eine Kugel Erdbeereis und Zitroneneis in ein Glas geben, das mit Kirschlikör getränkte Obst darübergeben. Den Rest des Kirschlikörs einfüllen und mit je einem Schuß süßer Sahne und ein wenig Vanillezucker krönen.

Ein Gala-Menü von 1923 auf Schweizer Boden:

1. Potage crème Argenteuil
2. Pavé de Charolais Matignon
3. Entrecote aux Oignons, Haricots verts, Salade de Saison, Pomes
4. Etuvée de veau „Ille de France"
5. Poires en robe

Dreharbeiten für den Film „Der Mord im Orient-Express“, Diner im Pullman-Wagen Nr. 4163

Querschnitt durch den Speisewagen des Orient-Expresses 1896

F. Bar 96.

Fünfte Station
Venedig, Hauptbahnhof, 12 Uhr mittags

Noch während die letzten Gäste verzückt ihr Menü verzehrten und es mit einem milden, italienischen Rotwein hinunterspülten, um die Bahnfahrt mit dem „Simplon-Orient-Express" oder mit dem heutigen V.S.O.E. angemessen ausklingen zu lassen, packten schon die ersten die Koffer. Denn die Fahrt durch Oberitalien ging allzuschnell zu Ende. Der Zug steuerte Venedig an, den Endpunkt der Reise mit dem Kurswagen, der den Stammzug verlassen hatte. Der traditionelle „Simplon-Orient-Express" ging allerdings seit 1919 auch von Venedig aus weiter bis Belgrad, wo er sich wieder mit der Stammroute vereinigte und machte damit der alten Strecke kräftig Konkurrenz. Von Belgrad ging es entweder nach Athen weiter, oder auf der klassischen Linie nach Istanbul. Wer heute dorthin will, kann in Venedig in einen anderen Luxuszug umsteigen, der jedoch weder mit dem „Simplon-Orient-Express" noch mit dem V.S.O.E. etwas zu tun hat.
Der „Simplon" rollte stets langsam und majestätisch auf Gleis 1 des Bahnhofs Santa Lucia ein, der für ihn reserviert war. Diese gemächliche Bewegung gehörte zu seinen Kulteffekten. Das stetige, unwiderstehliche Vorwärts des Orientexpresses, mit dem schweren Triebwagen, den sechzehn Waggons und einem eventuell angehängten Schubwagen am Schluß, war für alle Freunde dieses Zuges, die alarmiert herbeigeeilt kamen, stets ein faszinierender Anblick.
Und wieder, wie am Anfang der Reise, bestach der individuelle Komfort. Jeder Reisende wurde auf dem Bahnhof persönlich in Empfang genommen. Eine Empfangshalle war nur für den Orientexpress da, freundliche junge Italienerinnen begrüßten die Reisenden. Und die Mannschaft des Zuges, vom Zugchef angefangen, über die Oberkellner, Kellner, Stewards und Schlafwagendienstboten, stellten sich in einer Reihe auf und verabschiedeten die Reisenden mit einem freundlichen Lächeln. Das Reisen in diesem Zug machte jedem Spaß. Auch als Arbeitsplatz suchte er seinesgleichen.
Die Reisenden nach Venedig waren am Ziel. Traditionellerweise waren darunter besonders viele Hochzeitspaare, die sich in den Flitterwochen mit Vorliebe vom Komfort und der schmeichelhaften Bedienung des Simplon-Orient-Expresses verwöhnen ließen.
Draußen gingen die Fahrgäste die dreizehn Stufen des Bahnhofs hinunter auf den Vorplatz und bestiegen am dahinter liegenden Canale Grande eine Gondel, ein Vaporetto oder ein Motorboot. Darauf verstreuten sie sich in die schöne Stadt am Lido.

Vielleicht betraten sie noch eine der vielen kleinen Bars. Oder spät am Abend ein verträumtes Restaurant an einem der Kanäle. Oder die Lounge ihres vorreservierten Orientexpress-Hotels. Aber, so gut die Küche überall in Venedig auch ist, vielleicht verspürten sie plötzlich eine heimliche Sehnsucht nach den Menüs im Orientexpress, die auf italienischem Boden meist auf französische Küche zugunsten der italienischen verzichteten.

Italien à la Carte

Carpaccio/Marinierte rohe Rinderlende
(für 4 Personen)

200 g Rinderlende
150 g Steinpilze
1 Zitrone
½ Bund Basilikum
8 EL Olivenöl
50 g Parmesan
Salz und Pfeffer

Das Fleisch hauchfein schneiden und auf vier Teller legen, die mit jeweils 1 EL Olivenöl bestrichen sind. Auf das Fleisch das restliche Olivenöl träufeln. Die Steinpilze putzen und in feine Scheiben schneiden, die über das Fleisch gelegt werden. Den Parmesan vom Stück grob darüberhobeln. Mit etwas Salz und frisch gemahlenem Pfeffer würzen und mit den Basilikumblättern garnieren. Das eventuelle Nachwürzen mit Salz, Pfeffer, Zitrone und Olivenöl sollte individuell am Tisch vorgenommen werden.

Zuppa di Funghi/Pilzsuppe
(für 4 Personen)

Für die Suppe:
450 g Pilze
1 Zwiebel, 1 Lorbeerblatt
Butter
0,5 l Weißwein, 1 l Fleischbrühe
Salz und Pfeffer
Für die Einlage:
3 Eier
150 g Pilzessenz
Muskat, Knoblauchsalz
schwarzer Pfeffer, Petersilie

Zubereitung der Suppe:
Die Pilze (Champignons, Egerlinge, Steinpilze, Morcheln) ebenso wie die Zwiebel kleinhacken und zusammen mit dem Lorbeerblatt in Butter leicht anbraten. Mit Weißwein und Fleischbrühe ablöschen. Das Ganze zugedeckt ca. 30 Minuten köcheln lassen. Mit Salz und Pfeffer würzen. Zur Verfeinerung wird ein Eierstich mit Pilzessenz hergestellt, der am Schluß in die Suppe eingelegt wird.

Zubereitung des Eierstichs:
Die Eier mit der Pilzessenz – die man als Fond kaufen oder aus oben genannten Pilzen selbst herstellen kann – verquirlen, mit Muskat, Knoblauchsalz und Pfeffer würzen. Das Ganze wird in eine gut gebutterte Form getan und im Wasserbad im Backofen zum Stocken gebracht. Wenn es soweit ist, wird der Eierstich in Streifen geschnitten und in die Suppe gegeben. Nach Belieben mit frischen gehackten Kräutern oder auch nur mit Petersilie garnieren.

Cassolettes di Langoustinis/ Cassolettes von Langustinen
(für 4 Personen)

2 Schalotten
30 g Butter
500 g geschälte Langustinen
0,25 l Weißwein
2 cl Cognac
2 EL Tomatenmark
Pecorino-Käse
Salz und Pfeffer

Die Schalotten feinhacken und in einem Brattopf mit der Butter andünsten. Die geschälten Langustinen dazugeben. Den Weißwein eingießen und zugedeckt 15 Minuten köcheln, dann den Cognac hinzufügen. Die Langustinen herausnehmen und warm stellen. Aus dem Fond und dem Tomatenmark eine Sauce einkochen, die man mit Salz und Pfeffer würzt, darin die Langustinen wieder einlegen.

Die Cassolettes, also Ragoutnäpfe aus Porzellan, innen buttern, mit den Langustinen in Sauce füllen und dicht mit geriebenem Pecorino bestreuen. Einige Butterflöckchen draufsetzen und im Backofen in 8–10 Minuten bei starker Oberhitze goldbraun überbacken.

← Orient-Express, Waschabteil im Duschwagen

Saltimboca à la Romana/ Kalbsschnitzel mit Salbei
(für 4 Personen)

4 dünne Kalbsschnitzel
4 Blättchen Salbei
4 dünne Scheiben Parma-Schinken
4 EL Butter
1/8 l Marsala
3 EL Mehl
Salz und Pfeffer

Die Kalbsschnitzel klopfen, salzen und pfeffern. Auf jedes Schnitzel ein Blättchen Salbei legen, mit einer hauchdünnen Scheibe Parma-Schinken bedecken. Die Schnitzel zusammenklappen, mit Zahnstochern befestigen und in Mehl wenden. Das Fleisch auf beiden Seiten in 3 EL Butter schnell anbraten, herausnehmen und warm stellen. Den Marsala aufgießen und einkochen lassen, den letzten EL Butter unterziehen. Dann die Kalbsschnitzel in die Sauce legen und zugedeckt knapp 10 Minuten lang heiß werden lassen. Dazu eignen sich Reis, Spargel oder Artischocken.

Melone alla Marsala
(für 4 Personen)

1 große Honigmelone
8 EL Marsala
gemahlener schwarzer Pfeffer
Zucker

Die Honigmelone in Längsrichtung vierteln und entkernen, mehrmals mit einer Gabel einstechen, bis das Fruchtfleisch porös geworden ist. Mit dem Marsala so vorsichtig übergießen, daß der Wein in das Fruchtfleisch einsickern kann. Nach Geschmack mit Pfeffer würzen, mit dem Zucker bestreuen. Die Melone vor dem Servieren so lange eiskalt stellen, bis sich Kristalle gebildet haben.

Ein Gala-Menü von 1889:

1. Potage Tapioka/Tapioka-Suppe
2. Bar sauce hollandaise, Pommes au naturel/Seebarsch mit holländischer Souce und Salzkartoffeln
3. Gigot mouton bretonne/Schafskeule, bretonische Art
4. Poulet du Le mans avec cresson/ Hühnchen von Le Mans mit Kresse
5. Epinards au Sucre/Gezuckerter Spinat
6. Tarte de fruits/Fruchttorte

Ein bescheidenes Menü von 1897:

1. Hors d'oeuvres variés
2. Filets de Sole au vin blanc
3. Cotelettes de Mouton à la Mont-Cenis
4. Petit pois à la Anglaise
5. Galatine de votaille
6. Langue écarlate

Ein teures Gala-Menü von 1897:

1. Hors d'oeuvres
2. Consomme à la Duchesse
3. Barbue Sauce Hollandaise
4. Aloyau de boeuf roti
5. Haricots verts
6. Poulet de grain
7. Soufflé à la Rome-Express

Ein Gala-Menü auf italienischem Boden

Lumache all'uccelletto/
Sautierte Schnecken in Weißwein

☆

Minestrone

☆

Bucatini alla matriciana/Nudeln mit scharfer Specksauce

☆

Pollo alla romana/Huhn mit Salbei an Reisrand

☆

Tirami su/Mascarponecreme

Lumache all'uccelletto/ Sautierte Schnecken in Weißwein

(pro Person)

8 Weinbergschnecken aus der Dose
4 EL Butter
8 Champignonköpfe
1 Knoblauchzehe
5 EL Weißwein
5 EL Fleischbrühe
Petersilie
Salz und Pfeffer

Das Gericht erfordert gewisse Erfahrung, da es schlecht möglich ist, genaue Proportionen anzugeben. Sowohl Schnecken als auch Champignons vertragen kräftiges Würzen.
Die Weinbergschnecken putzen und mit der Butter in einer Stielkasserolle rasch anschmoren, also sautieren. Die in Scheiben geschnittenen Champignons hineingeben und mitdünsten. Nach dem Anschmoren mit Salz, Pfeffer und kleingehackter Knoblauchzehe würzen. Mit dem trockenen Weißwein und der Fleischbrühe ablöschen, die Flüssigkeit einkochen lassen. Das Gericht, mit Petersilie nach Geschmack bestreut, zu Tisch bringen. Dazu eignet sich ein Baguette.

Minestrone

(für 4 Personen)

1 halbe Sellerieknolle
200 g Blumenkohl
2 Stangen Porree
200 g Möhren
50 g durchwachsenen Speck
2 gehackte Zwiebeln
Olivenöl
ca. 1,5 l Wasser
4 EL Fleischbrühe (Instant)
125 g Spaghetti
250 g gehäutete Tomaten
100 g junge Erbsen
Parmesankäse

Die Sellerieknolle, den Blumenkohl, das Porree und die Möhren waschen, putzen, in Streifen schneiden und zu dem gewürfelten Speck sowie den feingehackten Zwiebeln in einen Topf mit ein wenig Olivenöl geben und andünsten lassen. Dann Wasser dazugeben und die Fleischbrühe unterrühren, zum Kochen bringen. Die Spaghetti in ca. 5 cm lange Stücke brechen, in der Suppe gar kochen. Die Tomaten in Würfel schneiden und kurz vor Ende der 25minütigen Garzeit die feinen Erbsen aus der Dose dazugeben. Den Parmesankäse getrennt reichen.

Im Pullman Speisewagen Côte d'Azur im Orient-Express →

Bucatini alla matriciana/ Dicke Hohlnudeln in scharfer Specksauce
(für 4 Personen)

175 g Schweinebacke
2 EL Olivenöl
6 kleine Tomaten
1 Zwiebel
1 rote Peperoni
Salz
500 g Bucatini
50 g Pecorino

Die Schweinebacke klein würfeln und in dem Olivenöl scharf anbraten. Auf Küchenkrepp entfetten und warm stellen. Die kleinen Tomaten überbrühen, enthäuten, entkernen und grob würfeln. Zusammen mit der kleingehackten Peperoni zu der kleingehackten Zwiebel in die Pfanne geben, die schon im restlichen Fett glasig angedünstet wurde. Einige Minuten durchziehen lassen. Mit Salz abschmecken. Die warmgestellten Fleischwürfel dazugeben und mehrmals umrühren. Währenddessen die Bucatini in Salzwasser ca. 10 Minuten lang bißfest garen, in einer Schüssel mit der Sauce und untergehobenem Pecorino gut vermischen, zusammen anrichten. Noch einmal mit Pfeffer und Salz nachwürzen, denn das Gericht „alle matriciana" aus den Abruzzen setzt eine gesunde Schärfe voraus. Den restlichen Käse am Stück dazureichen.

Pollo alla romana/ Huhn mit Salbei an Reisrand
(für 4 Personen)

1 mittelgroßes Huhn
1 Kräuterstrauß Salbei
Olivenöl
Butter-Öl-Gemisch
0,5 l Hühnerbrühe
300 g Reis
Hühnerbrühe
Parmesankäse
1 EL Butter
Salz und Pfeffer

Das Huhn innen und außen mit Salz und Pfeffer einreiben, den Kräuterstrauß Salbei in das ausgenommene Huhn legen. Das Huhn außen mit Olivenöl bepinseln und rundum in einem Butter-Öl-Gemisch in einem Eisentopf anbraten. Den Topf mit der Hühnerbrühe auffüllen, alles zugedeckt bei mittlerer Hitze ca. 1½ Stunden schmoren lassen. Wenn das Huhn gar ist, herausnehmen und warm stellen.

Währenddessen den Reis im Verhältnis 1:1 in Salzwasser geben, aufkochen und 10 Minuten köcheln lassen, im Sieb abtropfen, lauwarm abspülen und bei schwacher Hitze in einem abgeschöpften Teil – ca. 5 EL – der Hühnerbrühe ausquellen lassen. Mit Parmesankäse und etwas Butter verfeinern, auf einer vorgewärmten Platte einen Reisrand formen und das tranchierte Huhn zwischen dem Reis servieren. Bei Tisch mit gehacktem Kerbel bestreuen.

Tirami su/Mascarponecreme
(für 4 Personen)

250 g Mascarpone
1 unbehandelte Zitrone
2 Eigelb
2 EL Zucker
1 kl.Tasse kalter Espresso
2 cl Weinbrand
80 g Löffelbisquits
1 Prise ungesüßtes Kakaopulver

Eigelb und Zucker in einer Schüssel vermischen und schaumig schlagen. Die Mascarponecreme löffelweise unterziehen und die Schale der unbehandelten Zitrone hineinreiben. Den kalten Espresso mit dem Weinbrand vermischen. Die Hälfte der Löffelbisquits in eine flache Form auslegen, mit der Espresso-Weinbrand-Mischung bestreichen. Die Hälfte der Mascarponecreme auf die Bisquits verstreichen. Eine zweite ebensolche Lage einlegen, oben der Mascarpone. Die Form zudecken und 5 Stunden lang kalt stellen. Vor dem Servieren mit dem Kakaopulver bestreuen.

Ein Gala-Menü im Direct-Orient von 1971:

1. Gnocchi alla Piemontese
2. Costate di manzo alla Tirolese oppure
3. Il Suggerimento dello Chef
4. Penuta di petto al farno
5. Patate a spicchi
6. Carciofi alla Romana
7. Formaggio, Fruta

Ein Gala-Menü von 1902:

1. Parfait de foie gras/
   Geeiste Gänseleber-Pastete
2. Soupe à la lotte/Trüschensuppe
3. Bécasses à la Monaco/
   Schnecken à la Monaco
4. Gigot mouton bretonne/
   Schafskeule auf bretonische Art
5. Gateau au pamplemousse/
   Pampelmusenkuchen

Ein Gala-Menü von 1896:

1. Potage croute au Melon
2. Barbue sauce hollandaise
3. Pommes à l'Anglaise
4. Aloyau Sardinién
5. Poulet roti Cresson
6. Tomates farcies
7. Craite aux fruites à la Parisiennes

Sechste Station
Wien, Westbahnhof, 18.50 Uhr abends

Das nächste Land, das der klassische Orientexpress von München aus oder auch als „Arlberg-Orient" von Zürich aus ansteuerte, war Österreich. Von unserem letzten Haltebahnhof in Zürich aus fuhr der Zug in Richtung des Alpennachbarn mit der frühesten und schwersten Lok der Schweizer Eisenbahn, der Doppellok AE-814.

In Wien lief der Orientexpress traditionellerweise auf einem der kürzeren Bahnsteige außerhalb der eigentlichen Halle, dem sogenannten „Sommerperron" ein. Er hatte acht Minuten Aufenthalt.

Der 1858 erbaute Wiener Westbahnhof, gelegen zwischen Innerer Stadt und Schönbrunn, war für den von Westen her einlaufenden Orientexpress zuständig, der dann nach Osten – in Richtung Ungarn – weiterlief.

Der Zug „teilte" sich hier. Er fuhr entweder über Budapest-West nach Bukarest weiter, oder über Budapest-Ost nach Belgrad und Konstantinopel. Auch einige Zugteile des „Ostende-Wien-Expresses" oder auch des „Calais-Wien-Orient-Expresses" hängte man in Wien-Westbahnhof bis Budapest an den Orientexpress an. Später gingen diese Züge auch bis ins rumänische Konstanza weiter.

Die Reisenden hatten auf dem Westbahnhof den Vorteil, die Züge wechseln zu können, ohne einen anderen Perron aufsuchen zu müssen. Später, hinter der ungarischen Grenze, wird dann auch noch der aus dem deutschen Bahnhof Friedrichstraße kommende „Berlin-Budapest-Orient-Expreß" bis Budapest angekoppelt. Österreich war also ein Drehpunkt des frühen Orientexpresses – und das machte sich auch in seinem internationalen Speisenplan bemerkbar. Für die Menükarte galt jedoch, daß die französische Bezeichnung der Speisen verpönt blieb, solange man sich auf österreichischem Boden bewegte.

Die Reisen und Routen der Orientexpresse waren manchmal kompliziert – und sie änderten sich ständig. Hier ein paar der wichtigsten Beispiele:

Der heutige V.S.O.E. fuhr vor 1982 von der Schweiz aus – durch den 1906 eingeweihten Simplon-Tunnel hindurch, der ihm den Namen „Simplon-Express" verlieh und Brig mit Domodossola verband – direkt nach Italien in Richtung Mailand. Heute, genau genommen seit 1985, bezieht die Fahrt rund 500 Kilometer der wunderschönen österreichischen Landschaft mit ihrem harmonischen Panorama mit ein. Ab Bludenz geht es durch den Vorarlberg und den Arlberg-Tunnel in Richtung Tirol. Diese Strecke machte seit 1932 auch einige Zeit der als dritter Orient-Express in die Annalen eingegangene Luxuszug, der schon erwähnte „Arlberg-Orient-Express". Und hier lief auch der historische Orient-Express, der zunächst von Paris über Lausanne und Brig bis Mailand fuhr und sich hier teilte, ab 1907 weiter bis Venedig und ab 1912 bis Triest und Zagreb bzw. über Florenz und Rom nach Neapel. Seit 1919 heißt dieser Zug „Simplon-Orient-Express" und verband Paris mit Istanbul auf der sogenannten Südroute, die 60 Kilometer Wegstrecke abkürzte. Für diese Strecke benötigte er seit den 30er Jahren nur noch eine Reisezeit von 57 Stunden.

BUDAPEST
WIEN
ARLBERG
ZÜRICH
BASEL
PARIS
LONDON
MITSCHEK
ARLBERG
ORIENT
EXPRESS
ARLBERG-ORIENT-EXPRESS

Plakat

Die herbe Schönheit der österreichischen Alpen adelte diesen schönen Zug durchaus. Wenn die Fahrgäste durch die stets blitzsauber geputzten Fenster blickten, ein Glas Champagner, einen Cocktail oder – ab 14 Uhr, also erst wieder auf der Rückreise – eine Tasse Tee vor sich auf dem Tischchen, dann konnten sie gar nicht umhin, das Gefühl des Glücks zu empfinden. Die gesellschaftliche Stellung, die sie einnahmen, hatte damit nichts zu tun. Zwischen dem Innen des Luxuszuges und dem Außen der „Luxus"-Landschaft gab es auf der österreichischen Strecke keine Diskrepanz mehr. In dieser Landschaft kam der Orient-Express gewissermaßen zu sich selbst.

Überhaupt war es ja der besondere Reiz dieses Luxuszuges, daß man im Speise- und Salonwagen die Wahl hatte zwischen der betörenden, langsam vorbeigleitenden Landschaft jenseits der großen Fenster und dem Augenschmaus im Salon, bzw. auf den gedeckten Tischen. Es muß ein Gefühl grenzenlosen Luxus gewesen sein, wenn sich der Blick auf das Alpenpanorama mit dem Geschmack des zarten Lammrückens oder der Süße des Apfelstrudels verband. Die ganze Welt wurde den reichen Reisenden gewissermaßen exklusiv auf dem Teller serviert.

Eine Fahrt mit einem Zug lädt immer zu Tagträumen ein. Eine Fahrt mit einem Luxuszug ermöglicht luxuriöse Träume. Hochfliegende Träume. Auf einer solchen Fahrt erhebt sich jeder Reisende, und sei er in seinen Grundanschauungen noch so arrogant, über seine eigenen persönlichen Grenzen. Die Zukunft scheint greifbar, meisterbar, veränderbar. Wer in einem Luxuszug wie dem Orientexpress reisen darf, fühlt sich – zu Recht – geadelt.

Vielleicht träumte der Fahrgast auch nur von einer weiteren Mahlzeit? Und das wäre kein Wunder, denn schon der gedeckte Tisch im Speisewagen des Orientexpresses ließ einem das Wasser im Mund zusammenlaufen. Ja, schon wenn die Kellner in ihren weißen Livrees, mit Russenkragen, Schulterklappen und stilvoll aufgedrucktem Zugemblem auf der Brust auftraten und mit vollendeter Höflichkeit ihre Dienste anboten – heute tragen sie Namenschilder für eventuelle Reklamationen – konnte niemand wiederstehen. Es kann sein, daß man während einer Reise im Orientexpress kräftig zunahm! Da half nur, während der wenigen Aufenthalte hinauszugehen, um sich auf dem Bahnhof die Beine zu vertreten.

Im Speisewagen wurde kurz vor Innsbruck das letzte große Mahl des Tages vorbereitet. Das Besteck leuchtete in den einfallenden Strahlen der Abendsonne ebenso, wie die edel geschliffenen Kristallgläser die Sonne reflektierten. Bald funkelte edler Wein in den Gläsern.

Selbstverständlich wurde im Orientexpress nach individuellem Wunsch serviert. Der Speisewagen war das Herz des Orientexpresses, wer hier einen Platz eingenommen hatte, der hörte es sozusagen schlagen. Zusammen mit dem melodischen Rattern der Räder auf den Gleisen. Während ein kühler, burgenländischer Roter oder ein Grüner Veltliner angenehm durch die Gurgel glitt.

Am Wiener Westbahnhof ließ, den Legenden zufolge, einer der berühmtesten Reisenden im Orientexpress, der berüchtigte Waffenschieber Sir Basil Zaharoff, stets Damen und Dämchen einsteigen, um die Fahrt nach Konstantinopel angenehmer zu gestalten. Da er immer in seinem reservierten Lieblingsabteil reiste, zu dem niemand Zutritt hatte, kann es sein, daß die Legenden stimmen. Auch sah man am nächsten Halt in Budapest oder Venedig, je nach dem, welche Linie Zaharoff gerade bevorzugte, hübsche Mädchen leicht zerzaust aussteigen. Übrigens versteht es sich fast von selbst, daß der Lebemann auch seine spätere Gattin, die Herzogin Dona Maria del Plar, im Orientexpress kennenlernte. Dieser Zug war eben stets ein Verkehrsmittel der ganz besonderen Art.

Ein Gala-Menü von 1910:

1. Hors d'oeuvres varies
2. Huitres Royales d'Ostende
3. Omelette au Fromage, Pommes Frites
4. Chateaubriand, Sauce Bearnaise
5. Fromage, Fruits, Kaffee

Dreharbeiten für den Film „Mord im Orient-Express", im Wagenschuppen Landry (Nord) in Paris

Österreich à la Carte

Kitzbühler Käsesuppe
(für 4 Personen)

40 g Butter
40 g Mehl
1 l Fleischbrühe
100 g geriebener Emmentaler
1 Knoblauchzehe
4 Scheiben gekochter Schinken
geröstete Weißbrotwürfel
Petersilie
Salz und Pfeffer

Aus Mehl und Butter eine helle Einbrenne herstellen, mit der Brühe aufgießen und 10 Minuten leise köcheln lassen. Die Suppe von der Hitze nehmen, den geriebenen Käse darunterrühren, nicht mehr köcheln lassen, die geschnittenen Schinkenwürfel dazugeben, mit Salz, Pfeffer und der Petersilie abschmecken. Weißbrotwürfel in Butter goldgelb anrösten. Die Suppenschüsseln mit der aufgeschnittenen Knoblauchzehe ausreiben. Die Suppe mit den Weißbrotwürfeln obendrauf servieren.

Gespickter Hecht mit Gemüse
(für 4 Personen)

1 mittelgroßer Hecht
375 g Tomaten
5 gelbe Rüben
2 Zwiebeln
1 Stange Lauch
Sellerie
Speck zum Spicken
Speckscheiben zur Form
3 EL Butter
$\frac{1}{8}$ l saure Sahne
1 TL Stärkemehl
150 g Champignons
Paprika
Salz
Zitronensaft

Den Fisch ausnehmen und putzen, innen und außen mit Salz bestreuen und mit Zitronensaft beträufeln. Den Rücken mit Speckstreifen spicken. Eine gebutterte feuerfeste Form mit Speckscheiben auslegen. Die abgezogenen Tomaten, gelbe Rüben, Lauch, Sellerie und Zwiebeln in Scheibchen schneiden und die Speckscheiben damit bedecken, wenig salzen, mit etwas Wasser halbweich dünsten. Den gespickten Fisch auf das Gemüsebett legen, Fisch und Gemüse mit Butterflöckchen bedecken. Die Speise etwa 30 Minuten im vorgeheizten Bratrohr bei 175 Grad braten. Das Stärkemehl mit saurer Sahne glattrühren und die Sauce damit binden und mit einer Prise Paprika abschmecken. Mit gedünsteten Champignons garnieren.

Pullman Côte d'Azur, 2er Tische und zwei 4er Abteile, Plüschsessel, Baujahr 1929, 28 Plätze

Wiener Tafelspitz
(für 4 Personen)

Für den Tafelspitz:
1 kg Tafelspitz
2 Möhren
1 Petersilienwurzel
200 g Sellerie
2 Zwiebeln
1 Stange Lauch
4 Petersilienstengel
1 Lorbeerblatt
Pfeffer und Salz

Für die Sauce:
3 hartgekochte Eigelbe
2 Eigelbe
8 EL Speiseöl
1 TL Weißweinessig
1 altbackenes Brötchen
4 EL Schnittlauch
Pfefferkörner
Zucker

Zubereitung des Tafelspitz:
Das Fleisch mit Wasser abspülen und trockentupfen. Möhren, Petersilienwurzel und Sellerie schälen, waschen und würfeln. 1 Zwiebel schneiden. Den Lauch putzen und in Ringe schneiden. Die Petersilie mit dem Gemüse sowie mit Lorbeerblatt und Pfefferkörnern in einen Topf geben, mit Wasser bedecken, salzen und 10 Minuten bei schwacher Hitze garen. Die zweite Zwiebel schälen und halbieren, mit der Schnittfläche nach unten in einer Pfanne bräunen und danach in die Brühe geben. Das Fleisch dazugeben und zugedeckt 3–4 Stunden ziehen lassen, aber nicht kochen.

Zubereitung der Sauce:
Die Rinde des altbackenen Brötchens entfernen und das Brötchen in Stücke schneiden. Mit ⅛ l Wasser und Weißweinessig begießen, in der Flüssigkeit eine halbe Stunde liegen lassen, danach ausdrücken. Die gekochten Eigelbe durch ein Sieb drücken, mit dem Brötchen verrühren und durch das Sieb streifen. Die Masse mit den rohen Eigelben schaumig rühren, tropfenweise das Öl unterschlagen. Die Sauce mit Salz, Pfeffer, Weißweinessig und Zucker würzen und den geschnittenen Schnittlauch unterziehen.
Jetzt wird das gegarte Fleisch aus der Brühe genommen und in Scheiben geschnitten. Den Tafelspitz mit dem Gemüse auf einer Platte anrichten und leicht mit der Brühe begießen. Die Sauce getrennt dazureichen. Dazu eignen sich in einem Butter-Öl-Gemisch angebratene Röstkartoffeln.

Zwetschgenbavesen
(für 4 Personen)

4 Semmeln
250 g getrocknete Zwetschgen oder Zwetschgenbrei
1 Tasse Milch
2 Eier
3 EL Wasser
Semmelbrösel
3 EL Backfett
Zucker und Zimt

Die abgeriebenen Semmeln in Scheiben schneiden. Die eingeweichten Zwetschgen weichkochen und durchpassieren. Je 1 Semmelscheibe mit Zwetschgenmus bestreichen, eine unbestrichene Semmelscheibe darauflegen, von beiden Seiten mit Milch beträufeln und durchziehen lassen. Die Schnitten in verschlagenem Ei und Semmelbröseln wenden, in reichlich heißem Backfett auf der Stielpfanne oder in Fett schwimmend auf beiden Seiten goldgelb backen. Auf einer vorgewärmten Platte anrichten, mit Zimtzucker bestreuen.

Ein Gala-Menü von 1902:

1. Oeufs froids Normande
2. Assiette Tessinoise
3. Cotelette de porc Nicotéra, Pommes carrées, Choux de Bruxelles aux marrons
4. Vacherin glacé Singapure
5. Fromages suisses

Ein Gala-Menü von 1927:

1. Consommee de Volaille
2. Bar Sauce Mayonnaise
3. Filet de boeuf Richilieu
4. Salade
5. Glace à la creme vanille

Ein Gala-Menü aus dem Direct-Orient der 70er Jahre:

1 Jugoslawischer Schinken mit Slibowitz
2. Russischer Salat
3. Gemüsesuppe
4. Kalbsbraten mit Kartoffelpüree und jungen Karotten
5. Serbischer Tomatensalat
6. Käse, Obst, Türkischer Kaffee

Ein Gala-Menü auf österreichischem Boden

Lauch vinaigrette

☆

Muschelsuppe

☆

Wiener Seezungenfilet

☆

Rinderfilet nach Art des Périgord

☆

Nockerln, Salzburger Art

Lauch vinaigrette
(pro Person 2 Stück)

1 Lauchstange
1 Schuß Essig
1 Zwiebel
1 EL Olivenöl
einige Pfefferkörner
1 Knoblauchzehe

Von der Lauchstange aus dem weißen und hellgelben Teil 10 cm lange Stücke schneiden und ca. 5 Minuten gut bedeckt in Salzwasser, das mit 1 Schuß Essig und den Ringen von der Zwiebel versehen wurde, nicht allzu weich blanchieren. Mit dem Sud in eine Schüssel geben, das Olivenöl untermischen. Die Pfefferkörner und eine feingeschnittene Knoblauchzehe dazugeben, abdecken und für 1–2 Tage in den Kühlschrank stellen. Als kalte Vorspeise servieren. Dazu eignet sich ein Baguette.

Muschelsuppe
(für 4 Personen)

1 kg geschlossene Miesmuscheln
1 große Zwiebel
100 g Möhren
100 g Stangensellerie
0,25 l trockener Weißwein
0,25 l Wasser
250 g Kartoffeln
1 Zwiebel
80 g zerpflückte Brunnenkresse
100 g Crème fraîche
Salz und Pfeffer

Die Miesmuscheln abbürsten und säubern. Die große Zwiebel vierteln, die Möhren und das Stangensellerie in große Stücke schneiden, alles zusammen mit den Muscheln in einen großen Topf geben. Mit dem Weißwein und Wasser auffüllen, mit Salz würzen. Ca. 10 Minuten im geschlossenen Topf kochen lassen, bis die Muscheln sich geöffnet haben. Von der Hitze nehmen und noch einmal 10 Minuten ziehen lassen. Die Muscheln abseihen, aus den Schalen nehmen und warm stellen. Die Kartoffeln schälen und zusammen mit der zweiten Zwiebel in Würfel schneiden. Beides in einen Topf geben, mit Salz und Pfeffer würzen und mit der Muschelbrühe, die durch Wasser auf 1 Liter Flüssigkeit aufgestockt wurde, übergießen. So lange kochen, bis die Kartoffeln zerfallen. Diese dann durch ein Sieb passieren und die sämige Masse in den Topf zurückgeben. Muschelfleisch dazugeben, ebenso die Brunnenkresse. Die Suppe noch 6 Minuten ziehen lassen, zum Schluß die Crème fraîche unterziehen und heiß servieren.

Wiener Seezungenfilet
(für 4 Personen)

8 Seezungenfilets
5 EL Milch
2 EL Öl
100 g Butter
1 EL Petersilie
8 Zitronenscheiben
Mehl
Zitronensaft
Salz und Pfeffer

Die Seezungenfilets mit der Milch beträufeln, mit Salz und Pfeffer würzen und in Mehl wenden. Das Speiseöl zusammen mit der Hälfte der Butter erhitzen, die Filets von beiden Seiten anbraten. Wenn sie goldbraun werden, herausnehmen, mit Zitronensaft beträufeln und mit der zweiten Hälfte der – heißgemachten – Butter übergießen. Auf einer Platte auftragen, garniert mit Petersilie und den Zitronenscheiben. Dazu eignen sich Butterkartoffeln und ein grüner Salat.

Rinderfilet nach Art des Périgord
(für 2 Personen)

4 kleine, dicke Filetsteaks (je 100 g)
1 Streifen fetter Speck
1 EL Öl
1EL Butter
1 kl. Dose Trüffel
4 EL Fleischbrühe
⅛ l Sahne
1 Trüffel (ca. 12 g)
1 Schuß Madeira
Salz und Pfeffer
150 g Gänseleberpastete (Fertigprodukt)
16 Backpflaumen
⅛ l Madeira
2 EL süße Sahne

Die Backpflaumen entkernen und 3 Stunden lang in Madeira einweichen, dann kurz aufkochen und danach abkühlen lassen. Die Gänseleberpastete mit 2 EL der süßen Sahne verrühren und anschließend in einen Spritzbeutel geben. Die Backpflaumen seitlich aufschneiden, mit der entstandenen Masse füllen, wieder schließen und kühl lagern. Die Filetsteaks mit je 1 Streifen des fetten Specks binden, je 4 Minuten von beiden Seiten in Öl und Butter anbraten, nach dem Wenden mit Salz und Pfeffer würzen und das Fleisch warm stellen. Den Saft aus der Trüffeldose mit der Fleischbrühe und ⅛ l Sahne einkochen lassen, die Trüffel hacken und 1 Schuß Madeira dazugeben, zu einer dicklichen Sauce einkochen lassen. Die Filets auf einer heißen Platte anrichten, mit der Sauce übergießen und mit den Backpflaumen garnieren. Dazu eignen sich süße Kartoffeln oder gelbe Bataten, bei deren Zubereitung man anstelle von Salz einen Schuß Rum in das Kochwasser gibt.

Nockerln, Salzburger Art
(für 4 Personen)

4 Eier
80 g Zucker
Vanillezucker
25 g Mehl
30 g Butter
Puderzucker

Eigelb und Eiweiß trennen, das Eiweiß zu sehr steifem Schnee schlagen, den Zucker und Vanillezucker darunterschlagen, das gesiebte Mehl unterziehen. In einer Auflaufform die Butter zergehen lassen, aus der Schaummasse 4 Portionen hineingeben, im Bratrohr bei Mittelhitze etwa 10 Minuten goldgelb überbacken. Die fertigen Nockerln mit Puderzucker übersieben und sofort servieren, damit sie nicht zusammenfallen.

Im Speisewagen des Orient-Express, Xylografie nach einer Zeichnung von Felician v. Myrbach um 1895

Siebte Station
Budapest, Ostbahnhof, 23.20 Uhr nachts

Wer nicht den Kurswagen des „Simplon" nach Venedig genommen hatte, sondern in Richtung Istanbul weiterreiste, erlebte die recht ereignislose Strecke durch das österreichisch-ungarische Grenzland bis hin zur Hauptstadt Budapest. Da es bei der Ankunftszeit schon auf Mitternacht zuging, entging den Reisenden auch der Blick auf den damals – wir sind bei unserer fiktiven, aber fahrplangestützten Reise immer noch im Jahr 1902 – attraktiven Bahnhof von Budapest-West. Von hier aus ging es nach einem kurzen Aufenthalt durch Budapest weiter nach Osten. Aus dem Bahnhof Budapest-Ost fuhr der Zug pünktlich um 23.20 Uhr weiter nach Belgrad.

Der seit 1877 bestehende Bahnhof im Westen (Budapest Nyugati), der für den aus Wien einlaufenden Orientexpress genutzt wurde, war unscheinbarer, wenn auch schöner. Der von der ungarischen Zentralbahn betriebene, im filigran-klassizistischen Stil von Gustave Eiffel, errichtete Bahnhof besaß fünf Gleise. Die Halle besaß über einer aufwendigen Eisenkonstruktion ein hölzernes Satteldach, der Weg der Ankommenden und der Abreisenden war klar getrennt. Für die verwöhnten Reisenden des beginnenden Zugzeitalters war der sechs Jahre vor der Inauguration des Orientexpresses fertiggestellte Westbahnhof angemessen. Das 1872 aus Pest, Obuda und Buda vereinte und wirtschaftlich aufstrebende Budapest besaß damit seinen Bahnhof zur Welt.

Aber nicht genug damit, man plante und baute seit den 80er Jahren, mit dem Aufkommen weiterer Luxuszüge, den östlichen Staatsbahnhof Budapest-Keleti, der die Strecke nach Belgrad im Osten weiterleiten sollte. Mit diesem 1884 fertiggestellten, von Gyula Rochlitz erbauten Bahnhof wurde Budapest noch stärker zur Drehscheibe des internationalen Zugverkehrs von West nach Ost. Infolgedessen legte man auf die äußere Verzierung höchsten Wert. Schon die Eingangshalle mit ihren hohen Bogenportalen und den tiefhängenden Kronleuchtern beeindruckte. Ein großer, verglaster Halbbogen über den Gleisen bot eine seltene, auch von unbedarften Reisenden beachtete Lösung, Stein-Skulpturen standen in Mauernischen, allegorische Plastiken auf einem Sockel über dem Eingang, Fresken überall lockerten den streng-modernen Eindruck auf.

Jenseits des Bahnhofs von Budapest begann für die damaligen Fahrgäste das Wagnis, aus dem vergnüglichen Reisen wurde oft genug eine aufregende Expedition.

Zunächst einmal überwand der Zug die endlose Strecke durch die flache, baumlose, einsame Steppe, die Pußta, in der nur verwegene Reiterscharen mit ihren wilden Nonius-Pferden eine Abwechslung boten. Je tiefer die verwöhnten Reisenden in den Balkan und den dahinterliegenden Vorderen Orient eindrangen, desto weniger verspürten sie Lust, den Zug zu verlassen. Eine fremde, und wie sie so manchesmal empfanden, feindselige Welt tat sich vor ihnen auf. Selbst den Gepäckträgern mußten sie jetzt mit Mißtrauen begegnen, es kam oft vor, daß man seine Equipage Trägern ohne Livree anvertraute und es niemals wiedersah. Der arme Balkan wußte nur zu genau, welcher Reichtum da mit

60 Stundenkilometern auf Stahlschienen schemenhaft vorbeiglitt; an den Haltestellen ergab sich die Chance, etwas zu ergattern.
Nach den Schwierigkeiten der ersten Jahre verzichteten die Betreiber des Orientexpresses später weitgehend auf die Route über Bukarest, und der Zug fuhr häufiger auf seiner zweiten Stammroute von Budapest über Belgrad nach Sofia. Sechs Jahre nach seiner Pionierfahrt standen dem Orientexpress zwischen Paris und Konstantinopel, also auf einer Strecke von 3186 Kilometern, endlich durchgehend Gleise zur Verfügung, jedoch die Unsicherheiten und Probleme wurden damit nicht geringer. Auch jetzt, zwischen 1889 und 1902, konnte es zwischen Budapest und Istanbul zumindest immer noch passieren, daß Schafherden oder auch hartnäckige Bauern die Fahrt blockierten. Und daß störrische Rinder mit dem Kuhfänger an der vorderen Pufferbohle von den Gleisen geschleudert werden mußten, das blieb bis 1914 sozusagen balkanischer Alltag.

Hinter Budapest erhitzte sich jedenfalls die Phantasie der Reisenden. Mit allem wurde gerechnet. Und die Fahrgäste, die jetzt, auf der Fahrt nach dem Goldenen Horn zustiegen oder dieses Ziel fest vor Augen schon im Abteilwagen saßen, nährten die wildesten Spekulationen. Ein junger Diplomat mit Namen Paul Morand, der 1913 die Strecke abfuhr, schrieb darüber:
„Ich erinnere mich, zum Schlafgenossen einen Deutschen gehabt zu haben, einen Spezialisten in gefälschten Statistiken, den eine orientalische Regierung in verzweifelter Lage in ihren Dienst genommen hatte, um die offiziellen Zahlen ihrer Haushaltsrechnung zu frisieren. Auch bin ich mit einem Rumänen gereist, dessen Großvater 1801 Puderzucker auf die Champs-Elysée gestreut hatte, weil er den Parisern zeigen wollte, wie die Schlitten über den Schnee gleiten ... Man stieß ... auf diplomatische Kuriere, immer zu zweit, wie Taube und Täuberich: der eine bewacht die offiziellen Depeschen, während der andere zum Essen geht.

Wir trafen Agenten für russische Staatsanleihen, Konzertagenten und berühmte Tenöre, Leipziger Zobelpelzhändler, Vischnuiten, mitten auf der Stirn mit einem Dreizack aus Asche geschmückt, oder Sivaiten mit einem roten Punkt zwischen den Augenbrauen, ungarische Magnaten und rumänische Bojaren, die gerne ihre ausgezeichnete Ernte in Wien unterbringen wollten. Diese reichen Grundherren trugen aber nicht mehr die bauschigen Kniehosen, die Maroquin-Stiefel und die Kaschmir-Gürtel ihrer Vorfahren. Sie kleideten sich jetzt in der Savile Row (Londoner Straße der Schneider, B.S.) und hatten ihre langen Bärte abrasiert. Aber man nannte sie immer noch ... die Moldau-Walacken."
Im Speisewagen traf man all diese buntschillernden Gestalten dann wieder.
In Ungarn war es auch, wo am 12. September 1931 das schon erwähnte Attentat den Zug in die Tiefe riß. Durch den Sabotageakt eines ungarischen Faschisten bei Biatorbagy starben zwanzig Fahrgäste, einhundertzwanzig wurden teilweise schwer verletzt. Der Attentäter sagte später aus, sein Anschlag sei ihm vom Heiligen Geist nebst drei Erzengeln aufgetragen worden, um „die Atheisten, die in Luxuszügen reisen zu bestrafen und die Welt vom Kommunismus zu befreien".

Kaum ein Wunder, daß die zukünftigen Reisenden im Orientexpress insgeheim stets Furcht verspürten, wenn der Zug hinter Wien über die ungarische Grenze Richtung Istanbul weiterfuhr. Dagegen versuchte der Küchenchef mit besonderer Hingabe und Phantasie vorzugehen.

Ungarn à la Carte

Tárkonyos őzaprólékleves/ Rehfleischsuppe mit Estragon
(für 4 Personen)

500 g Rehkeule
120 g Möhren
100 g Sellerie
½ l Wildfond
200 g saure Sahne
4 EL Weizenmehl
100 ml Schlagsahne
3–4 EL Zitronensaft
2 TL Senf
2 Zwiebeln
1 Bund Dill
1 EL Estragon, 5 EL Thymian
2 TL Salz, Pfeffer

Die Rehkeule entbeinen und in Würfel schneiden, aus dem Knochen, unter Zusatz von Wildfond, eine Fleischbrühe kochen. Zwiebeln feinhacken und in der Butter andünsten, das Fleisch dazutun und bei mittlerer Hitze anbraten, danach mit geschnittenem Dill, Estragon und Thymian bestreuen, salzen und pfeffern, 20 Minuten lang weiterdünsten lassen. Langsam Wasser dazugießen, die Möhren und den Sellerie in Würfel geschnitten dazugeben, zusammen einige Minuten weiterdünsten, wieder einige EL Wasser eingießen. Jetzt mit der aus dem Rehknochen hergestellten Fleischbrühe und dem aufgefülltem Wildfond verrühren und 45 Minuten lang köcheln lassen. Saure Sahne in das Mehl einrühren und durch ein Sieb in die Suppe unterziehen, diese noch einmal kurz aufkochen lassen. Mit der Sahne, dem Zitronensaft und dem Senf abschmecken.

Fogasszelet bakonyi módra/ Zander nach Bakonyer Art
(für 4 Personen)

750 g Fogaschfilet
300 g Champignons
150 g Paprikaschoten
100 g Tomaten
¼ l Fischfond
¼ l Schlagsahne
25 g Weizenmehl
200 g saure Sahne
2 TL Salz
2 EL Zitronensaft
75 g Butter
2 Zwiebeln
Pfeffer

Die Fischfilets säubern, salzen und pfeffern, mit dem Zitronensaft beträufeln und in eine mit der Butter ausgestrichene Form legen. Die Zwiebeln würfeln, Champignons putzen und schneiden, ebenso die Paprikaschoten, die zudem entkernt werden. Die Tomaten überbrühen und schälen, entkernen, den Stielansatz entfernen und kleinhacken. Die Zwiebeln in Butter andünsten, alles andere ebenfalls in die Form geben, erneut salzen und pfeffern und mit der Paprika bestreuen. Den Fischfond langsam unter Rühren eingießen und einmal kurz aufkochen lassen. Die Sahne mit dem Mehl sorgfältig vermischen und dazugeben, einmal aufkochen lassen und über die Fischfilets geben. Im Backofen bei 150 Grad Umluft 15–20 Minuten lang garen. Dazu eignen sich Butterkartoffeln und ein grüner Salat.

Orient-Express, Innenansicht, Holzschnitt 1884

Székelygulyás/Szekeler Gulasch
(für 4 Personen)

500 g mageres Schweinefleisch
500 g Sauerkraut
1 Tomate
30 g Frühstücksspeck
⅛ l saure Sahne
70 g Bratenfett
2 Zwiebeln
1 TL Salz
1 TL Kümmel
1 EL Paprikapulver
1 Pfefferschote
Mehl

Die Zwiebeln feinhacken und im heißen Bratenfett goldbraun andünsten. Vom Herd nehmen und die in Streifen geschnittene Pfefferschote, sowie Salz, Kümmel und Paprikapulver untermischen. Auf die Hitze zurückstellen, das gewürfelte Schweinefleisch und die abgezogene und zerschnittene Tomate zugeben und ½ Tasse heißes Wasser angießen. Zugedeckt eine knappe Stunde bei milder Hitze schmoren lassen. In der Zwischenzeit das Sauerkraut mit dem Speck in wenig Wasser schmoren, die Flüssigkeit abgießen und das Kraut unter das Gulasch mischen. Die Sauce mit dem angerührten Mehl binden und mit der sauren Sahne abschmecken.

Töpörtyüs pogácsa/Griebenpogatschen
(für 20 Stück)

500 g fetter Speck
75 g Margarine
500 g Weizenmehl
3 Eigelb
20 g Hefe
1 TL Zucker
4 EL Wasser
1 TL Salz
200 ml trockener Weißwein
2 EL Milch
Pfeffer

Das Wasser lauwarm erwärmen und mit der Hefe und dem Zucker verrühren, zugedeckt 5 Minuten lang aufgehen lassen. Den Speck so lange braten, bis Grieben entstanden sind, diese durch einen Fleischwolf drehen, mit der Margarine verrühren und kalt stellen. Das Mehl in einer Schüssel mit Eigelb, der aufgegangenen Hefe, Wein, Salz und Pfeffer zu einem mittelfesten Teig vermengen. Den Teig 15 Minuten lang warm stellen, danach zu einem 2 cm dicken Rechteck ausrollen. Die erkalteten Grieben in die Mitte häufen, den Teig von zwei Seiten darüberschlagen und noch einmal ausrollen. Diese Prozedur noch einmal wiederholen. Jetzt ein Gittermuster auf den ca. 3 cm dicken Teig zeichnen, runde Pogatschen ausstechen und auf ein Backblech setzen. Die Milch mit dem letzten Eigelb verschlagen und die Pogatschen damit bestreichen. Bei 160 Grad Umluft im Backofen 15 Minuten lang ausbacken.

Ein Gala-Menü auf ungarischem Boden

Consommé printanier/Frühlingssuppe

☆

Morcheln Lyonnaise/Morcheln nach Lyoner Art

☆

Raie au beurre noir/Rochen in brauner Butter

☆

Boeuf Stroganoff/Filetspitzen à la Stroganoff

☆

Baba au rhum/Napfkuchen mit Rum

Consommé printanier/Frühlingssuppe
(für 4 Personen)

40 g Butter
30 g Mehl
4 EL grüne Kräuter
1 l Flüssigkeit
3 EL Sahne
Muskatnuß
geriebener Hartkäse
Salz

In der erhitzten Butter das Mehl hellgelb rösten, die feingewiegten zerkleinerten Kräuter, bestehend aus Sauerampfer, Kerbel, Kresse, Spinat, Brennessel, Petersilie und Löwenzahn dazugeben und mitdämpfen lassen. Langsam mit dem Wasser aufgießen, salzen und 10 Minuten köcheln lassen. Mit der Sahne und dem geriebenen Käse bestreuen, mit abgeriebener Muskatnuß verfeinern und heiß servieren. Mit einer Einlage von Grießklößchen oder Eierstich servieren.

Morcheln Lyonnaise/ Morcheln nach Lyoner Art
(pro Person)

20 g getrocknete Morcheln
1 Schuß Portwein
1 EL Sahne
Kalbsfond
Salz
Zitronensaft

Die getrockneten Edelpilze 3 Stunden lang in einer Schüssel einweichen, wodurch ein beträchtlicher Teil des hartnäckigen Sandes aus den Falten der Pilze gespült wird. Sie müssen dennoch unter fließendem Wasser weiter gründlich gereinigt werden. Dann ausdrücken und in einer Kasserolle trockendünsten. Mit dem Portwein ablöschen und mit Salz würzen. Den Wein fast völlig eindampfen lassen. Das Einweichwasser durch ein sehr feines Sieb angießen, die Pilze 30 Minuten lang gardünsten. Mit Zitronensaft beträufeln. Wenn die Flüssigkeit fast verdampft ist, pro Portion 1 EL Sahne dazugeben und fast einkochen. Mit etwas Kalbsfond abrunden. Zu diesem leichten Zwischengericht vor einem Edelfisch eignet sich Baguette und ein leichter, fruchtiger Weißwein.

Raie au beurre noir/ Rochen in brauner Butter
(für 4 Personen)

1000 g Rochen
1 Zwiebel
2 Karotten
5 cl Essig
1 TL weiße Pfefferkörner
1 Kräutersträußchen
1 Prise Salz
1,5 l Wasser
30 g Butter

Den Fisch, der im wesentlichen aus den Flossen besteht, vor der Zubereitung ca. eine halbe Stunde lang in kaltes Wasser legen. Währenddessen die Zwiebel und die Karotten schneiden, zusammen mit dem Essig und den weißen Pfefferkörnern sowie dem Kräutersträußchen im Wasser aufkochen, mit Salz würzen. Die Rochenflossen in den Sud legen und 20 Minuten ziehen lassen – nicht kochen. Den Fisch dann herausnehmen und die schwarze Haut von den Flossen abziehen. Die Butter in einem Töpfchen erhitzen, bis sie braun wird, und über den Fisch gießen. Heiß servieren. Dazu eignet sich körnig gekochter Reis und ein frischer Salat.

Boeuf Stroganoff/ Filetspitzen à la Stroganoff
(für 4 Personen)

500 g vom dünnen Ende des Rinderfilets
½ kg Kartoffeln
2 Zwiebeln
4 EL Butter
1 Tasse Fleischfond
½ Zitrone
saure Sahne
Essig
Öl
1 TL Senf
je 1 Prise Salz und Pfeffer

Die Kartoffeln schälen und in kleine Würfel schneiden, die Zwiebeln kleinhacken. Das dünne Ende des Rinderfilets in 2 cm große Würfel schneiden. Die Kartoffelwürfel mit Salz würzen und in der angebräunten Butter unter ständigem Umwenden bei mittlerer Hitze von allen Seiten anbraten und garen. Vom Feuer nehmen, zudecken und warm stellen. Die kleingehackten Zwiebeln in einer Pfanne in Butter goldgelb andünsten und anschließend mit dem Fleischfond aufkochen. Mit Senf, dem Saft der halben Zitrone und Essig abschmecken, die Sauce mit der sauren Sahne sämig abrunden. Nun die Fleischwürfel in Öl scharf anbraten – sie sollen außen braun und innen noch leicht blutig sein. Die gut mit Salz und Pfeffer gewürzten Filetspitzen anschließend in die Sauce geben und, mit den Kartoffeln umlegt, servieren.

Baba au rhum/Napfkuchen mit Rum
(für 10 Personen)

Für den Kuchen:
500 g Mehl
0,1 l Milch
20 g Hefe
7 Eier
300 g Butter
3 EL Salz
25 g Zucker
50 g Korinthen
50 g Sultaninen
0,3 l Rum
Minze- oder Kerbelblättchen
Kompottfrüchte

Für den Sabayon:
4 Eigelb
0,2 l Riesling
100 g Puderzucker
1 Schuß Cointreau

Zubereitung des Kuchens:
Das Mehl in eine Schüssel sieben, eine Mulde in die Mitte drücken. In der angewärmten Milch die Hefe auflösen und diese zusammen mit den Eiern in die Mehlmulde geben. Kurz mit der Hand verkneten, die Oberfläche mit Flöckchen, die aus der Butter geschabt werden, abdecken und den Teig auf das Doppelte aufgehen lassen. Jetzt Salz, Zucker, Korinthen, Sultaninen und den Rum einarbeiten. Den Teig schlagen, bis er sich von der Schüssel löst. In 10 ausgebutterte kleine Näpfchen geben, die nur zu etwa einem Drittel gefüllt werden. Nachdem der Teig ganz aufgegangen ist, die Förmchen 30–40 Minuten bei 180 Grad im Ofen backen. Stürzen und mit dem Riesling-Sabayon halb überziehen, darauf nach Geschmack Kompottfrüchte. Mit Minze- oder Kerbelblättchen garnieren.

Zubereitung des Sabayon:
Den Puderzucker mit den Eigelben gut verquirlen, unter ständigem Rühren fast tropfenweise den Weißwein zugießen, im Wasserbad schaumig schlagen und mit dem Cointreau parfümieren.

Außenansicht des Zuges, Holzschnitt 1884

Achte Station
Bukarest, Hauptbahnhof, 18.55 Uhr abends

Die ersten Reisen im Orientexpress – und danach bis zum Ausbruch des 1. Weltkrieges als eine der beiden Stammlinien – führten hinter Budapest über Orsova an der Donau und den Grenzort Apiscopia Bihor bis Bukarest. Dann ging es (bis zum Jahr 1888) weiter bis nach Giurgiu an der Donau. Die 72 Kilometer zwischen der Hauptstadt und dem Donauhafen waren überhaupt die erste Strecke der rumänischen Eisenbahn, die erst im Jahr 1869 eingerichtet worden war. Bis 1888 bauten dann private Unternehmer Strecken aus, um Anschluß nach Westen und an den lukrativen Orientexpress zu ermöglichen.

In Giurgiu mußte man den Zug verlassen, auf Gott vertrauen, mit einem Dampfer auf die – russisch besetzte – bulgarische Seite nach Ruse (Rustschuk) schippern und dann in einen gewöhnlichen Zug umsteigen. Dieser brachte die unerschrockenen Fahrgäste in siebenstündiger Fahrt nach Varna ans Schwarze Meer. Die Fahrt dorthin beschrieb der beteiligte Journalist Opper de Blowitz drastisch:

„Hier und da sahen wir ein Dörfchen mit ein paar verfallenen Häuschen – Hütten aus Lehm und Holz, die Wände vielerorts von Kugeln durchlöchert – Andenken an ein Kriegsscharmützel oder an einen Banditenüberfall. Auf einem Friedhof graste eine hungrige Ziege oder ein paar dreckige Rinder; vielleicht waren faulende Menschenleichen nötig, um diesen unfruchtbaren Boden zu düngen."

Daß diese Schilderung nicht dichterischer Übertreibung entsprang erhellt die Tatsache, daß Banditen wenige Tage zuvor den Bahnhof von Wotowa überfallen und das Personal als Geiseln genommen hatte. Daß diese nicht lebendig verbrannt worden waren, konnte nur ein zufällig eintreffender Zug mit Arbeitern verhindern, die die Banditen in die Flucht schlugen – wobei diese jedoch die 13jährige Tochter des Bahnhofsvorstehers mitschleppten. In Kenntnis dieser und anderer Geschichten hielten die ersten Reisenden des Orientexpresses ihre geladenen Pistolen in Reichweite. Ihre Aufmerksamkeit erlahmte jedoch – übrigens ohne negative Folgen –, als Nagelmackers ihnen ein einheimisches Menü servieren ließ, zu dem rumänisches Rebhuhn, türkisches Obst, Pfirsiche mit Mandelsplittern und Rosensirup, Kabak Tasthi (in Sirup gekochter Kürbis mit zerstoßenen Walnußkernen) und türkischer Kaffee gehörte.

Vom Hafen am Schwarzen Meer aus – nach den 80er Jahren lief der Zug bis zum 1. Weltkrieg allerdings gewöhnlich Konstanza an –, in dem unzählige türkische Flüchtlinge des letzten Krieges elendig dahinvegetierten, erreichte man nach einer weiteren vierzehnstündigen Fahrt in einem österreichischen Dampfer der Lloyd-Triestino-Linie das 270 Kilometer entfernte Goldene Horn. Die Gesamtstrecke Paris-Konstantinopel betrug 2747 Kilometer. Die Unannehmlichkeiten dieser Reise nahmen umso mehr ab, je weiter die Jahrhundertwende zurückblieb, aber leicht blieb das Reisen im Orientexpress auf rumänisch-bulgarischem Gebiet nie.

Wer von Budapest aus die Route über Rumänien gewählt hatte, den erwartete am folgenden frühen Morgen ein Frühstück, das aus Suppe, Fleisch oder Fisch bestand. Wenn der Ober die Reisenden fragte, ob sie Cognac zum Frühstück wünschten, mußte die Antwort korrekt lauten: „Nein danke, keinen Alkohol!" Tat man dies nicht, sondern schüttelte – angeekelt durch die Alkoholorgie der soeben zuende gegangenen Nacht – nur den Kopf, dann servierte der aufmerksame Bedienstete kurz darauf ein volles Wasserglas mit Wodka. Wer dies überstand, sah am frühen Abend um 18.05 Uhr den Bahnhof von Bukarest. Hier erwartete ihn ein Anblick, der noch provinzieller war als in Belgrad, dem nächsten Halt der jugoslawisch-bulgarischen Route.

Der Bukarester Bahnhof, auf dem der Orientexpress zehn Minuten Aufenthalt hatte, war wie alle Bahnhöfe in Rumänien in dieser Zeit aus dem Geist des Historismus heraus erbaut. Da sich das Schienennetz der rumänischen Staatsbahnen in diesem Balkanstaat erst tief in der zweiten Hälfte des 19. Jahrhunderts entwickelte, war der Hauptbahnhof gerade vor Beginn des Anlaufens durch den Orientexpress fertiggestellt worden. Er war einfach, besaß aber eine schöne Fassadenverzierung und Kuppeln, die Mittel- und Eckrisalite krönten. Später, zwischen den Weltkriegen des 20. Jahrhunderts, wurde der Bahnhof zum Gare de Nord erweitert. Da verlor er auch seine recht triste Umgebung, die hier in der Bukarester Vorstadt zu Beginn des 20. Jahrhunderts noch aus schäbigen Häusern, Lehmhütten, kleinen Läden und schmierigem, von Abfällen übersätem Pflaster bestanden hatte.

Auf der Fahrt durch das landschaftlich großartige Rumänien mußten große Höhen überwunden werden. So brauchte der Zug z. B. im Prahova-Tal beim Anstieg zum Predeal-Paß in den Karpaten, zwei Stunden vor Bukarest, oft eine Dreifachtraktion, gewöhnlich zogen die beiden Reihen 150 und die gewaltige 151 als Vorspann vor der Reihe 142 und manchmal, vor allem im Winter, wenn die Schienen vereist waren, schob noch eine zusätzliche 150er nach. Im Flachland um Bukarest herum genügte dann die Baureihe 231 von Maffei, um den Zug in den Bahnhof zu bringen.

Da Rumänien zwar im inneren Bergland von überwältigender Großartigkeit, aber auch bettelarm war, kam es öfter vor, daß der Orientexpress mit Steinen von unbekannten „Absendern" beworfen wurde. Der Luxuszug zog eben nicht nur Bewunderer an, sondern auch Feinde, zu offensichtlich stellte er seinen Reichtum heraus, der ihn umgab und zu offensichtlich kontrastierte dieser Glanz mit der Armut jener Länder, die am Rande Europas dahindämmerten. Gerade in der Küche war der Gegensatz am deutlichsten. Hier die opulenten Gala-Dinners verwöhnter Gaumen, dort die einfachen Mahlzeiten der schwer arbeitenden Einheimischen, die nicht genossen, sondern den Hunger stillten. Daß Rumänien zu Beginn des Orientexpresses gerade die Folgen des russisch-türkischen Krieges von 1878 abschütteln wollte, unter dessen verheerenden Folgen das Land litt, verstärkte die Kontraste.

Es mutet unter diesen Umständen fast verständlich an, daß bei Aufenthalten auf rumänischen Bahnhöfen der Vorratswaggon des Expresszuges am häufigsten Objekt von räuberischen Überfällen gewesen ist.

Rumänien, jenseits der ungarisch-österreichischen Monarchie, war um die Jahrhundertwende ein durchaus unwegsames Gelände, wenn auch von den mitteleuropäischen Staaten heftig umworbenes Land. Mit dem Erreichen des „Eisernen Tores", jener grandiosen Schlucht zwischen den Karpaten und dem Balkangebirge, befand sich der Orientexpress nun auf dem Legenden umwobenen Balkan. Damit begann für die Fahrgäste das Unbekannte und Geheimnisvolle zwischen Transsilvanien, den Karpaten und dem Schwarzen Meer. Und daß ihre Vorahnungen nicht trogen, dafür spricht die Tatsache, daß unser Zug für die rund 290 Kilometer vom Eisernen Tor bis Bukarest meist sieben volle Stunden benötigte – die Strecke war marode und so mancher Tropfen Champagner ging trotz langsamer Fahrt beim Schaukeln auf den Schienen im vollen Glas verloren. Dies änderte sich erst in den 10er Jahren des 20. Jahrhunderts mit der Sanierung der Strecke. Jedoch berichteten Reisende selbst noch aus dem Jahr 1972 von Gleisbrüchen, die den Zug zwei volle Tage lang in Stillstand festhielten – ohne daß die Reisenden diesen auch nur für Minuten verlassen durften.

Die ersten Reisenden im Orientexpress von 1883, zu denen natürlich auch George Nagelmackers gehörte, durften noch mit einem Empfang im pompösen Königspalast Carols 1. von Sinaia rechnen – 136 Kilometer von Bukarest entfernt, wohin sie auf abenteuerlichen Nebenstrecken kutschiert wurden und anschließend den Bergpfad zum Peles-Palast wie Bergziegen emporkraxeln mußten. Einer der Reisenden, der lieber das ursprünglich vorgesehene Dinner bei der Ankunft genossen hätte, schilderte das Erreichen des architektonisch absurden Königssitzes so: „Die königliche Straße war besser für Bergziegen geeignet als für Menschen. Aber schließlich erreichten alle mit wunden Füßen und naß bis auf die Haut, das alte Kloster aus dem 17. Jahrhundert ... Fünf Minuten Marsch vom Kloster brachten uns zu einer Öffnung, von wo wir hoch über unseren Köpfen ein ebenso elegantes wie bizarres Gebäude sehen konnten, wie es bis dahin niemand von uns, außer im Traum oder in einem Märchenbuch, gesehen hatte. Bei seiner Planung schienen sich Kenntnisse der Archäologie und Phantasie gepaart und eine Orgie von Holz, Stein, Marmor, Glas und schimmerndem Metall gezeugt zu haben ..."

Nachdem damals der rumänische König, eine Art Operettenmonarch mit äußerst ernsten Absichten, die klitschnassen und vom Weg beschmutzten Reisenden zusammen mit seiner Gattin, der literarisierenden Walküre Carmen Sylva empfangen hatte, wurde eine Weile politisiert. Der König erklärte: „Sollte es in diesem Winkel der Erde wieder zu einer Explosion kommen, wird man mit uns rechnen müssen." Die Reisenden erinnerten sich dankbar daran, daß ihr Zug vorher weiterfuhr und ersehnten das angeblich bevorstehende, kaiserliche Mahl herbei, wurden jedoch mit Tee und Gebäck abgespeist. Den Rückweg traten die Reisenden mit gemischten Gefühlen an, die jedoch aufklarten, als sie 17 Stunden nach ihrer Einfahrt in Rumänien ein Dinner im besten Bukarester Restaurant erwartete.

Für den fahrplanmäßigen Zug unseres Jahrhunderts kamen solche Ausflüge in die transsilvanische Märchenwelt schon deshalb nicht mehr in Frage, weil die modernen Reisenden eher an genauen Terminen als an bizarren Potentaten interessiert waren.

Einige Jahrzehnte später, in der Zeit des kalten Krieges, spielten sich im Orientexpress, der Rumänien in Richtung Konstanza durchquerte Flüchtlingsdramen ab. Wie auch in anderen Ostblockländern jener Jahre, versuchten Menschen, die aus vielfältigen Gründen des stalinistischen Kommunismus überdrüssig waren, mit dem Luxuszug in den „Goldenen Westen" zu flüchten. Das „Goldene Horn" der Türkei war dabei ihre bevorzugte Anlaufstätte. Die meisten der

Unglücklichen, die sich in Bukarest in den Zug geschlichen hatten, um sich darin zu verstecken, oder die sich unter dem Zug in die Radaufhängung gelegt hatten, wurden aufgespürt. Welche Dramen sich dabei ereigneten, kann hier nicht im Einzelnen ausgeführt werden, aber sie ließen die einfallsreichsten Drehbücher von Filmen hinter sich zurück.

Pullman Flèche d'Or, 2er Tische, Plüschsessel, Baujahr 1927, 24 Plätze

Rumänien à la Carte

Ghiveci national/Gemüsesuppe
(für 4 Personen)

300 g Kartoffeln
100 g Möhren
50 g Sellerie
100 g fetter Speck
1 kleine Aubergine
100 g grüne Bohnen
1 kleine Paprikaschote
500 g Kalbfleisch
2 EL Mehl
1 große Zwiebel
1 Knoblauchzehe
1 EL Speiseöl
¼ l Fleischbrühe
1 EL Tomatenmark
½ Bund Petersilie
150 ml Rotwein
1 TL Majoran
200 g Tomaten
Salz und Pfeffer

Den Speck würfeln und in einer Pfanne auslassen. Das Kalbfleisch in Würfel schneiden, salzen und pfeffern, in dem Mehl wenden; in dem Speckfett, nach Entfernen der ausgelassenen Grieben, anbraten und danach in einen Bräter legen. Kartoffeln, Möhren, Sellerie schälen, Aubergine, Bohnen und Paprika säubern und entkernen, alles zusammen in Stücke schneiden. Zwiebeln und Knoblauch feinhacken, in dem Speiseöl andünsten, mit der Fleischbrühe und dem Tomatenmark verrühren, alles zusammen zum Kalbfleisch geben. Das geschnittene Gemüse in dem Speckfett leicht andünsten, salzen und pfeffern und zu dem Fleisch geben, mit Petersilie bestreuen.
Die restliche Brühe, Rotwein und Majoran in einem Töpfchen aufkochen und über das Gemüse geben. Im Backofen zugedeckt bei 180 Grad ca. 45 Minuten lang garen. Die Tomaten säubern, entkernen, enthäuten, hacken und dazugeben, das Ganze 15 Minuten lang weiter köcheln lassen und heiß servieren.

Plachie de Crap/Rumänischer Karpfen
(für 4 Personen)

1 Karpfen von 1,2 kg
100 ml Weißwein
60 g Butter
2 Zwiebeln
300 g Champignons
1 TL Pfeffer
1 Bund Petersilie
30 g Weizenmehl
200 g saure Sahne
3 TL Salz

Den Karpfen filetieren, die Filets salzen, pfeffern und in eine flache Backform legen. Aus dem Fischrest eine Brühe kochen und diese über die Fischfilets abseihen. Den Weißwein auffüllen und den Fisch zugedeckt 15 Minuten dünsten lassen. Währenddessen die Butter erhitzen und die feingehackten Zwiebeln darin glasig andünsten. Die Champignons in Scheiben schneiden und zu den Zwiebeln in die Pfanne geben. Mit feingehackter Petersilie bestreuen, salzen und pfeffern. Mit Mehl bestäuben, kräftig umrühren und kurz weiterschmoren. Mit der Fischbrühe auffüllen, einköcheln lassen, die saure Sahne hinzufügen und durchkochen lassen. Die Fischfilets herausheben und auf einer vorgewärmten Platte anrichten, mit der Sauce übergießen.

Ratza Romania/Ente nach rumänischer Art
(für 4 Personen)

1 Ente
½ Kopf Weißkraut
125 g Speck
1 Fenchelknolle
4 Zwiebeln
2 Knoblauchzehen
Salz und Pfeffer
1 TL Thymian
½ TL Salbei
¼ l Sauerkrautsaft
3 EL Butterschmalz

Die Ente waschen und trockentupfen, in 8 Stücke zerteilen, diese salzen und pfeffern und in dem Butterschmalz von allen Seiten anbraten, dann warmstellen. Den Speck würfeln und knusprig anbraten lassen, die Stücke herausnehmen und beiseite stellen, den Fond bis auf 3 EL abgießen. Den Weißkohl in dünne Streifen schneiden und in dem ausgelassenen Speckfett leicht andünsten. Den Fenchel in Streifen schneiden, die Zwiebeln und den Knoblauch abziehen, feinhacken und alles zusammen dazugeben. Mit dem Thymian und Salbei würzen. Als letztes den Sauerkrautsaft dazugießen und aufkochen lassen. Die Ententeile auf den Weißkohl legen und mit den Speckwürfeln bestreuen. Zugedeckt im vorgeheizten Backofen bei 200 Grad rund 20 Minuten lang garen lassen, dann die Hitze auf 150 Grad reduzieren und noch eine Stunde lang schmoren. Auf einer vorgewärmten Platte anrichten.

Halwa/Grießschnitten
(für 4 Personen)

200 g Grieß
200 g Zucker
100 g Honig
100 g Butter
50 g Mandeln
2 EL gehobelte Haselnüsse

Den Grieß in der Butter goldgelb anrösten, dann von der Hitze nehmen. ¼ l Wasser mit Zucker und Honig aufkochen und weiterköcheln lassen, bis ein Sirup entsteht. Den Sirup unter den Grieß heben und das Ganze einköcheln lassen. Die feingehackten Mandeln mit wenig Fett anrösten und mit dem Grieß vermischen. Eine vorher gekühlte Backform mit der Grießmasse füllen und beiseitestellen, bis sie erkaltet ist. Dann in Stücke schneiden und servieren.

Ein Gala-Menü von 1988:

1. Saumon Fumé „Balik“, Toast et Beurre
2. L'Oxtail clair au Martell
3. Salade Mimosa
4. Gigot D'Agneau Provencale
   Gratin Dauphinois
   Haricots Berts au Beurre
5. Plateau de Fromages,
   Tourte Zougoise, Café à Discrétion

Ein Gala-Menü von 1977 im „Nostalgie-Orient-Express“:

1. Consomme Xavier
2. Saumon en Bellevue, Sauce tartare
3. Cuissot de Veau „Ecarlate“,
   Asperges à l'Italienne
4. Souffle „Alaska“
5. Corbeille de Fruits

Ein Gala-Menü von 1953 im V.S.O.E:

1. Honey Dew Melon
2. Pullman Hors d'oeuvre
3. Dover Sole Colbert
4. Roast Leg of Sothdown Lamb
5. Red Currant Jelly
6. Rissoléet New Potatoes
7. French Beans
8. Lincolnshire Green Peas
9. Strawberry melba

Ein Gala-Menü auf rumänischem Boden

Asperges aux Sauce vinaigrette/
Spargel mit Sauce vinaigrette

☆

Potage angevin/Suppe à la Anjou

☆

Saint-pierre à l'oseille/Peterfisch an Sauerampfer

☆

Casserolle de lapin/Kaninchen-Kasserolle

☆

Coupes montaigu/Becher Montaigu

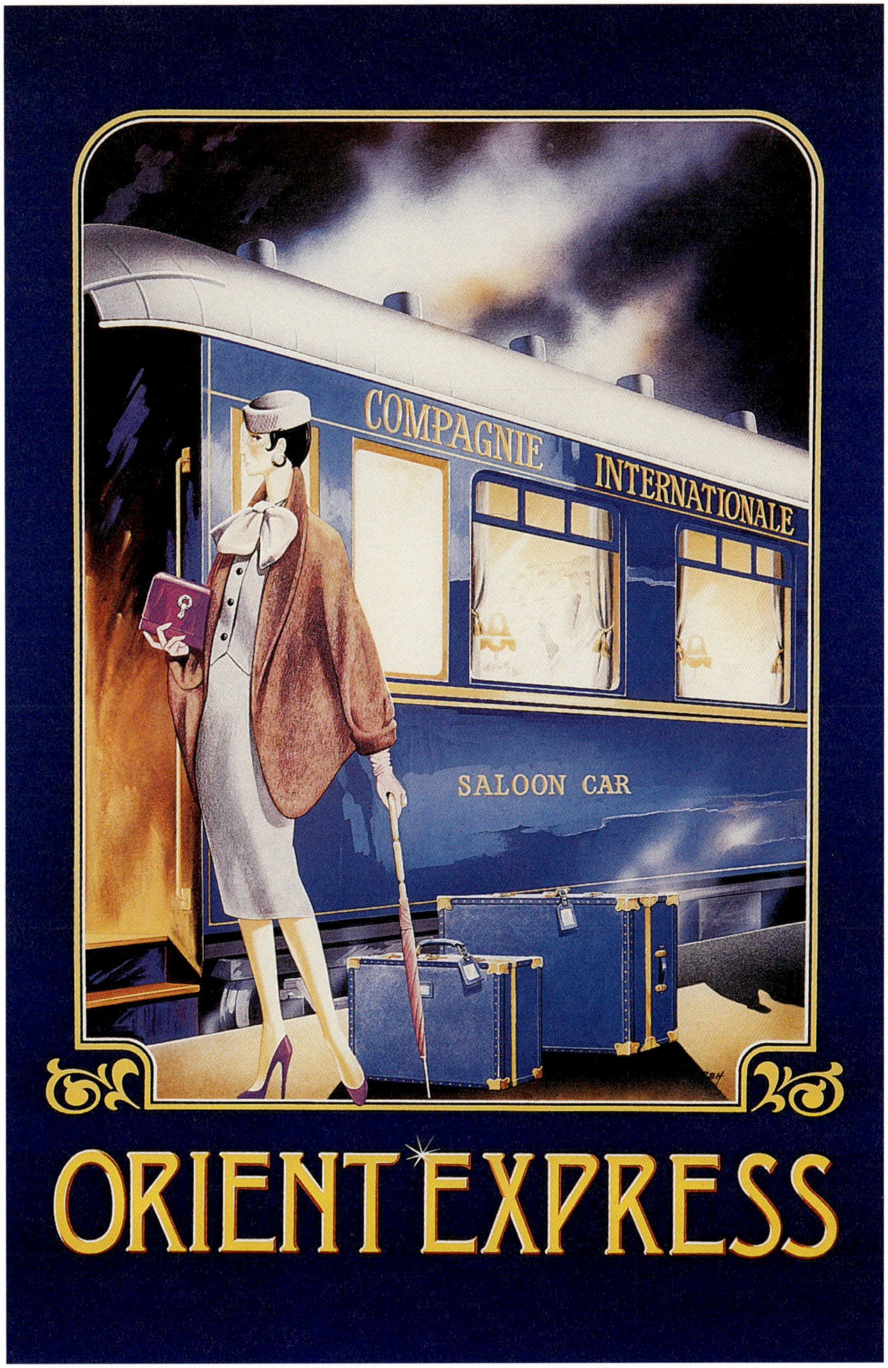

Plakat

Asperges aux Sauce vinaigrette/ Spargel mit Sauce vinaigrette
(für 4 Personen)

4 Perlzwiebeln
1 EL Kapern
1 Gewürzgurke
1 TL Kräuter aus: Estragon, Kerbel, Petersilie, Schnittlauch
1 Eigelb
1 Schuß Weinessig
1 Schuß Speiseöl
Salz und Pfeffer

Die Perlzwiebeln, Kapern und Gewürzgurke kleinhacken, ebenso die angegebenen Kräuter. Alles zusammen mit dem kleingehackten Eigelb des hartgekochten Eies vermischen. Mit Salz und Pfeffer, dem Schuß Weinessig und dem Schuß Speiseöl verbinden, wobei das Verhältnis von Essig zu Öl eins zu drei sein sollte. Die würzige Sauce wird kalt zu warmem, am besten grünen, Spargel serviert.

Potage angevin/Suppe à la Anjou
(für 4 Personen)

1 Pfund Schotenbohnen
250 g Schotenerbsen
50 g Butter
½ Salatkopf
4 Schalotten
4 Zweige Bohnenkraut
1 EL Sahne
1 l Wasser
Salz und Pfeffer

Zwiebeln schälen und feinhacken, den halben Salatkopf waschen und in Streifen schneiden. Erbsen und Bohnen aus den Schoten lösen. Die Zwiebeln in heißer Butter andünsten, Erbsen, Bohnen, den Salat und Bohnenkraut hinzufügen. Zudecken und 10 Minuten lang schwach dämpfen. Mit kochendem Wasser ablöschen, salzen und pfeffern und bei geringer Hitze eine ¾ Stunde lang garen. Wenn die Suppe gar ist, einige Erbsen und Bohnen herauslöffeln, die Suppe abseihen und wieder erhitzen, die beiseitegestellten Hülsenfrüchte wieder hineingeben. Das Eigelb mit der Sahne verrühren und einen Löffel Suppe hinzufügen, alles zusammen wieder in die Suppe eingießen und kurz köcheln lassen. Heiß servieren.

Saint-pierre à l'oseille/ Petersfisch an Sauerampfer
(für 4 Personen)

4 Fischfilets vom Petersfisch
800 g Sauerampfer
100 g Butter
1 Zitrone
1 Orange
1 Tasse Mehl
6 EL Sahne
1 Eigelb
Petersilie
Salz und Pfeffer

Die Petersfisch-Filets säubern, mit Zitronensaft beträufeln und 1 Stunde ziehen lassen. Währenddessen den Sauerampfer in einem Drittel der Butter im geschlossenen Topf langsam andünsten lassen. Die Fischfilets in Mehl wenden und in der restlichen Butter goldbraun von beiden Seiten anbraten. Wenn der Sauerampfer gar ist, mit einer Eigelb-Sahne-Mischung binden und kurz sieden lassen. Den Sauerampfer auf einer vorgewärmten Platte an den Petersfisch-Filets servieren, den Fisch leicht mit gehackter Petersilie bestreuen und nach Geschmack mit Orangenvierteln garnieren.

Casserolle de lapin/Kaninchen-Kasserolle
(für 4 Personen)

1 Kaninchen von ca. 1,5 kg
1½ l trockener Weißwein
2 EL Olivenöl
2–3 Knoblauchzehen
1 Lorbeerblatt, 6 Wacholderbeeren
1 Zweig Thymian, 1 Zweig Rosmarin
Salz und Pfeffer
60 g Speck
500 g Schalotten, 1 Knoblauchzehe
300 g Karotten, 2 Stangen Lauch
150 g Sellerie
½ l Weißwein
Thymian, Rosmarin

Das Kaninchen zerteilen und unter mehrmaligem Wenden 24 Stunden in einer Beize marinieren, die folgendermaßen hergestellt wird: zwei Drittel des Weißwein und Olivenöl vermischen und darin die kleingehackten Knoblauchzehen, Lorbeerblatt, Wacholderbeeren, die Zweige Thymian und Rosmarin einlegen. Die Kaninchenteile nach dem Marinieren herausnehmen, abtrocknen, mit Salz und Pfeffer würzen. Den durchwachsenen Speck in Streifen schneiden, in eine Kasserolle (Stilpfanne mit flachem bis mittelhohem Rand, in diesem Fall mit Deckel) geben und in heißem Olivenöl auslassen. Die Kaninchenteile dicht nebeneinander in die Kasserolle legen und von allen Seiten darin anbräunen. Die Schalotten schälen und mit der gehackten Knoblauchzehe, den in Scheiben geschnittenen Karotten und Lauch und der gewürfelten Sellerie dazugeben. Mit dem restlichen Weißwein übergießen, mit Salz und Pfeffer, Thymian und Rosmarin würzen. Fest zugedeckt etwa 1½ Stunden schmoren lassen. Heiß in der Kasserolle servieren.

Pullman Côte d'Azur, 2er Tische und zwei 4er Abteile, Plüschsessel, Baujahr 1929, 28 Plätze

Coupes montaigu/Becher Montaigu
(für 4 Personen)

2 mittelgroße Melonen
3 Bananen
16 geschälte Mandeln
2 Gläser Muskat
60 g Puderzucker
1 Apfel
1 kl. Dose Ananas

Die Melonen der Länge nach halbieren, entkernen und das Fruchtfleisch auslösen. Die Gehäuse kalt stellen. Währenddessen die Ananas in Rechtecke und die Bananen in Scheiben schneiden. Den Apfel schälen und würfeln, die Mandeln hacken, mit dem Melonenfleisch mischen und mit dem Puderzucker süßen. Die Melonenhälften mit der entstandenen Masse füllen und mit dem Muskat übergießen. Danach im Tiefkühlfach so lange stehen lassen, bis sich Eiskristalle gebildet haben.

Ein Gala-Menü von 1889:

1. Potage Tapioka/Tapioka-Suppe
2. Bar sauce hollandaise, Pommes au naturel/Seebarsch mit holländischer Sauce und Salzkartoffeln
3. Gigot mouton bretonne/Schafskeule, bretonische Art
4. Poulet du Le mans avec cresson/ Hühnchen von Le Mans mit Kresse
5. Epinards au Sucre/Gezuckerter Spinat
6. Tarte de fruits/Fruchttorte

Ein Gala-Menü von 1913:

1. Cantaloup glacé au Marsala/ Eis-Melone nach Marsalaer Art
2. Selle de Pré-Salé Marie Louise/ Schulter vom kräutergefütterten Lamm à la Marie Louise
3. Pointes d'asperge à la créme/ Spargelspitzen in Creme
4. Chaud-froid de Caneton/ Junge Wildente in Likör-Aspik
5. Salad Catalane/Auberginen- und Tomatensalat mit Safranreis
6. Soufflé Palmyre/Auflauf Palmyra

Neunte Station
Belgrad, Hauptbahnhof, 6.20 Uhr morgens

Der Orientexpress lief im Jahr 1902 pünktlich um 6.00 Uhr in Belgrad ein. Er hatte in dem 1884, also beinahe pünktlich zum Start des Zuges fertiggestellten, schmucken Bahnhof einen zwanzigminütigen Aufenthalt. Und wenn er um 6.20 Uhr wieder die Bahnhofshalle im Neurenaissancestil verließ, dann hatten die verschlafenen, müde aus den Abteilfenstern hinaus blinzelnden Reisenden auf der Route Paris-Wien-Budapest-Belgrad genau die Hälfte der Strecke hinter sich gebracht. Von hier aus dauerte die Weiterfahrt in die türkische Stadt am Goldenen Horn noch weitere eineinhalb Tage.

Seit 1885 fuhr ein Nebenzweig des Zuges regelmäßig über Belgrad. Die Serbischen Staatsbahnen übernahmen ihn dann mit ihren Loks und vor allem mit ihrem Personal – was die beabsichtigten Auswirkungen auf die Speisekarte hatte.

In Nisch ging es zeitweise in Pferdekutschen weiter bis Tatar-Basardschik, dann konnten die Reisenden wieder in den Zug einsteigen. Übernachtungen ergaben sich in Städten, in die sich sonst kaum ein Mitteleuropäer verirrte, das war neben Nisch: Pirot, Sofia, Tatar-Basardschik und Edirne, dem damaligen Adrianopel. Als 1888 endlich die direkte Strecke des Expreßzuges über Serbien und Bulgarien, also Belgrad-Sofia, eröffnet wurde, ging es schneller nach Istanbul. Daneben existierte weiter die Strecke Budapest-Bukarest-Varna (oder Konstanza).

Die Weiterfahrt wurde jetzt noch beschwerlicher, der Zug kam nur langsam voran. Da der jugoslawische Staat erst nach dem Ersten Weltkrieg gegründet wurde, mußten die frühen Reisenden im Orientexpress auf Nebenrouten durch kleine Teilstaaten fahren, die hauptsächlich Strecken mit Meterspurweite oder sogar noch kleineren Schmalspurbahnen in Bosnien, Herzegowina und Dalmatien besaßen. Man mußte zeitweilig, bevor die gesamte Bahnlinie fertiggestellt war, sogar aussteigen und rund 35 Kilometer in Pferdewagen bis zur Anschlußtrasse zurücklegen. Und es war fast die Regel – anders als bei modernen Luxuszügen –, daß man häufig anhalten mußte, um Züge in westlicher Richtung, die Vorfahrt besaßen und manchmal lang wie maurische Karawanen waren, passieren zu lassen.

Die Zeit des Stillstands nutzten die Reisenden mit einem ausgedehnten serbischen Frühstück an Bord, zu dem neben frischem Joghurt und Ziegenkäse aus Belgrads Versorgungsdepots auch rahmige Trinkmilch, türkischer Tee – und manchmal sogar geröstete Lammhoden gehörten. Dieser Gaumenschmaus wurde von den männlichen Reisenden durchaus goutiert, den weiblichen verschwieg man die wahre Beschaffenheit des schmackhaften Bestandteils ihres Frühstücksbuffets.

Die Schlafwagengesellschaft legte jedenfalls immer Wert darauf, die Vorräte in dem jeweils passierten Land zu beschaffen, um die einheimischen Speisen nach den Produkten der Region zuzubereiten. Früchte rundeten das erste serbische Tagesmal im Orientexpress ab.

Auf dem Balkan kam es oft vor, daß der Orientexpress in Schneeverwehungen stehenblieb – das war keine Erfindung phantasievoller Krimiautorinnen wie Agatha Christie. Weil die Betrei-

ber befürchteten, daß während solcher erzwungener Aufenthalte, die Stunden, ja Tage dauern konnten, die Stimmung eskalierte, erschien gewöhnlich sofort der Zugführer und bat die internationalen Reisenden um Vernunft und Selbstdisziplin. Ja, manchmal ließ er sie sogar auf die Bibel schwören, keine erhitzten politischen Diskussionen führen zu wollen. Auf dem Balkan war schließlich immer ein kleiner Krieg im Gange – man wußte ja nie ...
Der Balkan war um die Jahrhundertwende für den gewöhnlichen Mitteleuropäer sowohl der fremdeste als auch der politisch virulenteste Teil des Kontinents. Um den Balkan drehte sich das Glücksrad und auch das Rad der Intrigen, von Attentaten, obskuren Bündnisverträgen, taktischen Hochzeiten in Königshäusern.

Die Reisenden im Orientexpress sahen durch die Fenster nach draußen und erblickten großartige Landschaften, befremdliche Menschen und Tiere, abgelegenste Ortschaften. Sie ahnten, daß sie in ein zurückliegendes Jahrhundert hineingefahren waren und mochten damit nicht näher in Berührung kommen, als ihnen im Speisewagen à la Carte aufgetischt wird. Wohlschmeckend, von geschulten Köchen zubereitet, die den mitteleuropäischen Geschmack ihrer wohlhabenden Reisenden kannten, konnten die Gerichte des Balkans mit spitzer Gabel genossen werden, ohne daß man von den Eigenarten dieser irritierenden Region mehr als nötig belästigt wurde.
Die Erfahrung des Balkans machten Reisende des Orientexpresses also nur mit den Augen. Und mit den Geschmacksnerven.

Zwei Beispiele für Menüs dieses feinen Zuges und seiner feinen Küche. Das erste ist von der Jungfernfahrt, Küchenchef Michel Ranvier zeichnete dafür verantwortlich:

1. Les Toasts au Caviar et les petits Feuilletés à la Graine de Pavot
2. Le Foie Gras de Canar entier cuit tout naturellement
3. Le Hommardeau tiéde servi à la Vinaigrette d'Huile d'Olive
4. La Jambonette de Poulette au Vin, Jaune et Morilles
5. La Sélection du Maitre Fromages
6. Les Fraicheurs des Tropiques, Les Mignardises

Ein anderes Gala-Menü des „Venice-Simplon-Orient-Express":

1. Cassolette d'écrevisses en gelée de sauternes
2. Dos te turbot aux cornes d'arbondance
3. Deux mingnons de veau
4. Gratin de courgettes et tomates au romarin
5. Fromages
6. Poire pochée au vin rouge
7. Sorbet aux mures de framboisier
8. Mignardises

Serbien à la Carte

Gebratene Lammhoden

(pro Person)

2 Lammhoden
2 EL Gänseschmalz
1 Prise Salz
1 Prise Zimt
1 Prise gemahlene Nelken
1 Prise Safran
½ Zitronen

Die Lammhoden halbieren, gründlich reinigen und 1 Stunde lang in mildes Essigwasser legen. Herausnehmen und abtrocknen. In dem Gänseschmalz langsam rundum dünsten. Sobald das Fett aufgesogen ist, mit Salz, Zimt, gemahlenenen Nelken und Safran würzen. Nach 10 Minuten, wenn die Hoden fast gar sind, den Saft von einer viertel Zitrone darüberträufeln und fertiggaren. Mit zwei Zitronenachteln garnieren und mit Baguette servieren.

Srpski Ajvar/Kaviar, serbische Art

(für 4 Personen)

2 Auberginen
2 grüne Paprikaschoten
2 rote Paprikaschoten
1 Zwiebel
2 Knoblauchzehen
2 EL Essig
3 EL Olivenöl
1 Prise Paprika
½ TL Zucker
Salz und Pfeffer

Paprikaschoten und Auberginen waschen, säubern, entkernen und die Aubergine enthäuten, alles zusammen feinhacken. Die Zwiebel schälen und kleinhacken, mit der Masse in eine Schüssel geben, den Knoblauch pressen und dazugeben. Alles mit dem Essig, dem Olivenöl, der Paprika, dem Zucker und Salz und Pfeffer würzen. Die Masse zieht eine Stunde lang durch und wird dann als „Serbischer Kaviar", ein Appetitanreger für den nächsten Gang, zusammen mit Weißbrot serviert.

Birinal Pilav/Serbisches Reisfleisch
(für 4 Personen)

500 g mageres Schweinehackfleisch
1 Zwiebel
30 g Bratfett
4 EL Mehl
1 Ei
200 g Reis
4 Pfefferschoten
1 kl. Dose Tomatenmark
¼ l saure Sahne
Salz und Pfeffer

Die Zwiebel feinhacken und im heißen Fett goldbraun anbraten. Dann Zwiebel, Mehl, Hackfleisch, Ei, Salz und Pfeffer zu einem Fleischteig vermengen. Mit angefeuchteten Händen einen Laib formen und in eine gut gefettete Bratpfanne legen. Den Reis in Salzwasser halb gar kochen. Die Pfefferschoten in feine Streifen schneiden und um den Fleischlaib legen; anschließend den Reis auf den Schoten verteilen. Das Tomatenmark mit etwas Wasser und der sauren Sahne verrühren, über den Fleischlaib gießen und diesen bei 180 Grad im Backofen braten, bis die Flüssigkeit verdampft und der Reis gar ist. Den Fleischlaib in Scheiben schneiden und servieren. Dazu eignet sich ein frischer Tomatensalat.

Tarho/Serbischer Ziegenmilch-Joghurt
(für 4 Personen)

½ l Joghurt aus Ziegenmilch
4 EL Zucker
30 g Pistazien
½ TL Kardamom

Den Ziegenmilch-Joghurt einen Tag lang in ein Mulltuch abtropfen lassen, dann den Zucker unterrühren. Den Joghurt mit dem Schneebesen cremig schlagen. Die fein gehackten Pistazien unterrühren, ebenso das gemahlene Kardamom. Den Joghurt gut gekühlt servieren.

Ein Gala-Menü auf serbischem Boden

Moules farcies/Gefüllte Muscheln

☆

Marmite Parisienne/Pariser Suppentopf

☆

Truite au bleu/Forelle blau

☆

Rognons à la bourguignonne/Nieren nach Art von Burgund

☆

Mousse au chocolat

Moules farcies/Gefüllte Muscheln
(für 4 Personen)

1 kg große Miesmuscheln
1 Tasse Semmelbrösel
1 Bund glatte Petersilie
3 Schalotten
2 Knoblauchzehen
200 g Butter
1 EL Pfeffer

Die Muscheln durch Hitze zum Öffnen bringen, in der unteren Schalenhälfte liegenlassen. Knoblauch, Petersilie und Schalotten feinhacken. In einem Mixer die Butter, die Semmelbrösel, den Knoblauch, die Schalotten, die Petersilie und den Pfeffer verbinden, jede Muschel mit dieser Masse bestreichen. Die Muscheln im Backofen grillen, bis sie goldgelb sind und heiß servieren. Dazu eignet sich wunderbar ein kühler Muscadet-Wein.

Marmite Parisienne/Pariser Suppentopf
(für 4 Personen)

500 g Kalbshaxe
300 g Rindfleisch
1 Kalbsknochen
1 Markknochen
3 Portionen Geflügelklein
1 Zwiebel
1 EL Butter
2 Lauchstengel
2 Karotten
1 weiße Rübe
2 Gewürznelken
1 Stengel Sellerie
1 Kräutersträußchen (Salbei, Majoran, Thymian, Petersilie)
1 Prise Nelken
1 Prise Piment
1 Prise Lorbeer
1 Prise Muskat
8 Scheiben Stangenweißbrot
Salz und Pfeffer

Die beiden Knochen mit dem Fleisch in einem Topf in 3 l Wasser kochen, den Schaum ständig abschöpfen. Eine Zwiebel hacken und in Butter anbräunen, in die Brühe geben. Danach das grob geschnittene Gemüse, die Gewürznelken und das Kräutersträußchen dazugeben. Kurz aufkochen, dann gelinde weiter köcheln lassen. Zwischendurch mit den restlichen Gewürzen, Salz und Pfeffer abschmecken. Nach Ende der Garzeit des Gemüses und des Fleisches servieren. Dazu eignet sich im Backofen angeröstetes Baguette.

Truite au bleu/Forelle blau
(für 4 Personen)

Für den Blausud:
1,5 l Wasser
0,5 l Weißwein
0,25 l Essig
2 EL Salz
2 TL Zucker
1 halbierte Zwiebel
200 g Wurzelgemüse (Lauch, Sellerie, Karotte)
1 Lorbeerblatt
5 Gewürznelken
2 Stengel Petersilie
5 zerstoßene Pfefferkörner

dazu: 4 Forellen

Die angegebenen Zutaten für den Blausud im Wasser aufkochen. Dann die Hitze reduzieren und zugedeckt etwa eine halbe Stunde köcheln lassen. Währenddessen die Forellen ausnehmen und gründlich reinigen, wobei darauf zu achten ist, daß die Schleimschicht nicht verletzt wird, da sie für die Blaufärbung sorgt. Die Fische in den heißen Blausud legen, wobei dieser knapp auf dem Siedepunkt sein soll. Bei milder Hitze die Fische 10 Minuten ziehen, nicht kochen lassen. Läßt die Rückenflosse sich leicht abziehen, ist der Fisch gar. Die Forellen dann herausnehmen, abtropfen lassen und mit Petersilienstengeln garnieren. Dazu eignen sich angebräunte, heiße Butter, die getrennt serviert wird, und Salzkartoffeln.

Außenansicht eines Waggons, Holzschnitt 1884

Rognons à la bourguignonne/ Nieren nach Art von Burgund

(für 4 Personen)

Für die Sauce:
¼ l Burgunder Rotwein
1 Lorbeerblatt
1 TL Wacholderbeeren
2 Tomaten
1 EL Tomatenmark
2 EL Kalbsfond
je 1 Prise Salz und Cayennepfeffer
3–5 EL süße Sahne

Für die Nieren:
500 g Rindernieren
250 g Zwiebeln
100 g Champignons
100 g Speck
2 EL Öl
1 EL Mehl
Salz und Pfeffer

Zubereitung der Sauce:
Den Rotwein in einer Kasserolle erhitzen, mit dem Lorbeerblatt und den zerdrückten Wacholderbeeren würzen. Die Tomaten überbrühen, schälen, entkernen und würfeln, zusammen mit dem Tomatenmark in die Kasserolle geben. Den Wein mit dem jetzt eingegossenen Kalbfonds einkochen, mit Salz und Cayennepfeffer würzen und durch ein Sieb passieren. Mit der Sahne abschmecken.

Zubereitung der Nieren:
Die Rindernieren reinigen, etwa 1 Stunde in Essigwasser ziehen lassen. Die Zwiebeln in Scheiben schneiden, zusammen mit den geschnittenen Champignons und dem gewürfelten Speck in Olivenöl glasig werden lassen. Die Nieren in Scheiben schneiden und in das Fett geben, darin nach Bestäuben mit dem Mehl unter ständigem Rühren kurz andünsten, nicht köcheln lassen. Mit Salz und Pfeffer würzen. In der darübergegossenen Sauce noch einmal erwärmen. Dazu eignet sich ein Kartoffelpüree.

Mousse au chocolat

(für 4 Personen)

200 g Milchschokolade
2 EL Espressokaffee
4 Eier
150 g Puderzucker
1 EL Rum

Die Schokolade zerbrechen und mit dem Espressokaffee im Topf schmelzen lassen. Eigelb und Eiweiß trennen, die Eigelb mit der Hälfte des Zuckers verrühren, den Rum unterziehen, diese Masse mit dem geschmolzenen Schoko-Kaffee vermischen. Die Eiweiße zu Schnee schlagen und den restlichen Puderzucker hineingeben. Den steifen Schnee unter die Schoko-Kaffee-Creme ziehen. Kühl stellen und kalt servieren.

Zehnte Station
Sofia, Hauptbahnhof, 16.34 Uhr nachmittags

Der Orientexpress bummelte durch Bulgarien und lief den Hauptbahnhof von Sofia am späten Nachmittag um genau 16.34 Uhr an. Die Reisenden konnten sich während eines zehnminütigen Aufenthaltes wenigstens ein bißchen die Beine vertreten. Dabei mußten sie jedoch Scharen von fliegenden Händlern abwehren, die ihnen in aller Eile neben sinnvollen Erfrischungen unbrauchbaren Tand zu gigantischen Preisen verhökern wollten.

Während der Wintersaison war der Ausstieg problematisch, denn der Perron von Sofia besaß kein Dach. Er bestand aus einem einfachen, länglichen Abfertigungsgebäude, in dem es allerdings nur einen Wartesaal für die königliche Familie gab, den einfache Reisende nicht benutzen durften. Davor lief ein einziges Hauptgleis für den Fernverkehr. Der Nebenverkehr wurde drumherum geleitet.

Bulgarien war in den ersten Jahren des Orientexpresses ein besonders unwegsames Gelände, und die Reisenden konnten wohl nicht leugnen, solange sie auf bulgarischem Gebiet waren, besonders angespannt zu sein. In den ersten Jahren war es vorgekommen, daß Räuberbanden Züge überfielen, die Holzwände mit Petroleum übergossen und damit drohten, den Zug samt Personal in Brand zu stecken. Andere Banditen lauerten den Fahrgästen auf den Haltebahnhöfen auf und hielten ihnen Messer an die Kehle. Einmal wurde die Verwandte eines Zugführers entführt.

Und am 7. Juni des Jahres 1901 konnte das „Ischler Wochenblatt" vermelden: „Bei Tscherkeskioi zwischen Konstantinopel und Adrianopel, etwa viereinhalb Eisenbahnstunden von Konstantinopel entfernt, haben dreißig Räuber durch Entfernen der Schienen den Orientzug zum Entgleisen gebracht, die Passagiere teils ausgeplündert, teils gefangen fortgeführt ... Die Pforte hat den Räubern sofort zweihunderttausend Francs bezahlt."

Besonders schlimm war demnach die Lage in Thrakien, dem südlichen Grenzland zwischen Griechenland, Bulgarien und der Türkei. Wilde Banden und marodierende Nachzügler von Parteien des immerwährenden Bürgerkrieges dieser Region machten eine Fahrt mit einem Luxuszug zu einem wirklichen Wagnis. Das hieß: wenn die Gefährdungen Bulgariens ohne Schaden überstanden waren, dann begann die eigentliche Gefahr erst richtig. Dagegen war die Tatsache, daß es in den ersten Jahren des Orientexpresses hinter Sofia keinen Speisewagen mehr gab, eine vergleichsweise leichte Bedrohung von Leib und Seele der Reisenden.

Als die Pioniere des Orientexpresses auf ihrer ersten Fahrt noch in Varna in ein Postschiff umsteigen mußten, das daraufhin vierzehn Stunden lang an der Schwarzmeerküste Richtung Istanbul schipperte, gab es ebenfalls niemanden, der die Sicherheit der Passagiere garantiert hätte. Aber außer Wolken von Stechmücken und Scharen von Zigeunern und Bettlern widerfuhr den verwöhnten Passagieren aus der englischen, französischen, deutschen und österreichischen High Society nichts gravierendes.

Einmal soll ein königlicher Kurier des britischen Geheimdienstes allein im reservierten Abteil mit seinem mehrfach verschlossenen Diplomatenkoffer gesessen haben. Noch während er auf die wildromantische, bulgarische Landschaft hinaussah, versuchte ein Spion eines anderen Landes, seine Tür zu öffnen, um ihm den Koffer zu entreißen. Da sie verschlossen war, benutzte er einen Dietrich, das hörte der Brite und es kam zu einem Handgemenge, in dessen Folge die Notbremse gezogen wurde. Ein langer Aufenthalt, auf freier Strecke, in den bulgarischen Bergen war die Folge.

Eine weitere, überlieferte Anekdote schildert ebenfalls den Versuch, eines Diplomatenkoffers habhaft zu werden. Man muß sich vorstellen, daß diese „la valise" genannten, vielfach gesicherten Lederköfferchen in Zeiten, als es noch keine internationalen Fernsprechverbindungen in den Vorderen Orient gab, für die Diplomatie von vorrangiger Bedeutung waren. Ja, manche Zeitkritiker argwöhnten sogar, der Orientexpress sei eigentlich nur für ihren Transport erfunden worden und die übrigen Reisenden lediglich Staffage.

Jedenfalls saß eines Tages – wir schreiben das Jahr 1893 – ein Kabinettskurier mit seinem Diplomatenkoffer in einem Abteil. Auf türkischem Gebiet wurde der Zug plötzlich zum Halten gebracht, eine Räuberbande dringt mit Waffengewalt ein, die Fahrgäste werden als Geiseln genommen. Der Lokomotivführer wird losgeschickt, um Lösegelder zu besorgen. Währenddessen öffnen die Räuber die geheimen Depeschen! Aber da sie nicht lesen können – oder wollen –, werfen sie die Papiere verächtlich in den Staub des türkischen Bahndammes. Drei Tage sind die Reisenden in der Gewalt der Banditen, dann kehrt tatsächlich der Lokführer mit dem Lösegeld zurück. Die Geiseln sind frei. Was jedoch daraufhin in politischen Kreisen geschah, die doch jene hochwichtigen Depeschen nicht erhielten, das bleibt unbekannt.

Andere Geschichten ranken sich um die amourösen Verwicklungen an Bord des Orientexpresses.

Der Geheimdienstler schrieb später in seinen Erinnerungen: „Romantische Autoren schildern blendend aussehende junge Geheimagenten, die, nur um den Kurieren Informationen zu entlocken, so häufig mit den internationalen Zügen fahren, jedoch kennen die diplomatischen Windhunde ihr Geschäft zu gut, um Pflicht und Vergnügen zu verwechseln. Ein mir bekannter Königlicher Kurier, ein bekannter Don Juan, war über die Vorstellung empört, daß er angeblich mit den verführerischen Frauen im Orientexpress Umgang hatte. Wie könnte ich das, ich habe sie doch alle gesehen – argumentierte er."

Nun, ein solches naiv-herablassendes Urteil über die weiblichen Fahrgäste des Direktorient-Expresses bis 1939 ist einseitig. Immerhin fuhren so glamouröse Damen wie Josephine Baker, Cosima Wagner, die blutjunge Agatha Christie, etliche traumhaft betörende Prinzessinnen und Thronanwärterinnen und die „männermordende" Spionin Mata Hari im Zug mit.

In den mittleren, den 20er Jahren des Zuges konnte es sogar passieren, daß sich hohe Herren zur Verfügung stellten, um ihn zu führen. Beispielsweise waren die Zaren Ferdinand I. und sein Sohn Boris III. von Bulgarien begeisterte Narren des Orientexpresses. Sie zogen einen extra für diesen Zweck gefertigten schneeweißen Overall an, stiegen auf freier Strecke zu und kutschierten den Zug durch das Königreich. Man weiß zu berichten, daß dieser überall überpünktlich ankam – vor allem deshalb, weil er mit überhöhter Geschwindigkeit fuhr, was die Reisenden mächtig ängstigte! Später ließ Ferdinand I. verlauten: „Der Orient-Expreß, der in unserer Mitte wie vertrautes Blut zirkuliert,

hat sozusagen die ersten Schritte dieses Landes belebt ... Und mein Stolz ist es, daß ich ihn, so weit ich konnte, unterstützt habe und ihm beigestanden bin."
In Sofia stiegen in jenen Jahren osmanische und ottomanische Herren mit Fez und langem Gehrock ein, die tiefverschleierte Frauen und weiteren Anhang im Gefolge hatten. Auf diese Gäste, die nach Konstantinopel wollten, warfen die verantwortlichen Sicherheitsbeamten des Zuges immer ein besonders argwöhnisches Auge, denn es konnte sich um fundamentalistische Terroristen ebenso handeln, wie um hochgestellte Persönlichkeiten, die man, um diplomatische Verwicklungen mit empfindlichen, türkischen Kreisen zu vermeiden, besonders zu beschützen hatte. Meistens war die Sorge unbegründet. Im Gegenteil zogen sich diese Paschas mit ihren „Kaffee-Bachis", die ihnen exklusiv das Türkengetränk zubereiten durften, in ihre Abteile zurück und ließen sich während der ganzen Reise nicht mehr blicken.

Ein Gala-Menü von 1883:

1. Huitres
2. Potage oux Pates d'Italie
3. Turbot Sauce Verte
4. Poulet Chasseur
5. Filet de Boeuf, Pommes Chateau
6. Chaud-froid de Gibier
7. Créme Chocolat

Ein Bulgarisches Menü von 1977

1. Giuwetsch Bulgaria/Petite Marmitte à la Bulgarie
2. Kilic Tomatesti/Trance de Poisson
3. Tavouk Goüskü/Supreme de Dinde
4. Pilavli M'Giaddra/Riz Pilaw
5. Palik/Aubergines Farces
6. Karin Kobegi/Profiteroles au Chocolat

Ein Gala-Menü im heutigen Nostalgie-Orient-Express ab Zürich

1. Les avocats fin-bec
2. L'essence de boeuf
3. Le carré de veau au four
4. Les nouillettes au beurre
5. La tomate étuvée
6. Les petits pois aux fines herbes
7. La plateau de fromages
8. La pains et le beurre
9. La tourte glacée au Grand Marnier
10. Le café à discretion

Bulgarien à la Carte

Borschtsch/Borschtsch-Suppe
(für 4 Personen)

500 g Rinderbrust
150 g geräucherten Speck
150 g Rote Bete
150 g Weißkohl
100 g Lauch
75 g Petersilienwurzel
50 g Knollensellerie
1 Knoblauchzehe
100 g Schmalz
1 EL Tomatenmark
4 EL saure Sahne
Salz und Pfeffer

Das Fleisch in 1 l Wasser aufkochen und abschäumen, den Speck dazugeben. Die Rote Bete weichkochen, dann schälen und in Stücke schneiden. Die Rote Bete mit dem Weißkohl, Lauch, der Petersilienwurzel, der Knollensellerie, alles kleingeschnitten, in dem Schmalz andünsten. Die Knoblauchzehe feinhacken und am Schluß mitdünsten. Das Tomatenmark dazugeben, mit der Fleischbrühe ablöschen. Die Rinderbrust und den Speck würfeln und zusammen mit den Gemüsen garen. Mit Salz und Pfeffer abschmecken, heiß servieren und auf jede Tellerportion 1 EL saure Sahne geben.

Kilic Tomatesti/Fisch mit Tomaten
(für 4 Personen)

4 Fischfilets
250 g Reis, 100 g Rosinen
1 Glas Speiseöl, 1 Glas Weißwein
2 Knoblauchzehen, 4 Zwiebeln
750 g Tomaten, 1 Kräutersträußchen
1 EL Mehl, 1 Zitrone
eine Prise Safran, eine Prise Ingwer
Salz und Pfeffer

Die Fischfilets von einheimischen Seefischen (Barsch, Makrele, Zander, Hecht) salzen und pfeffern. Die Zwiebeln in Scheiben schneiden, die Knoblauchzehen feinhacken. Die Tomaten überbrühen, enthäuten und den Stielansatz entfernen, klein würfeln. Nur vier Tomaten ganz lassen. Die Hälfte der Zwiebelscheiben in Öl andünsten und in eine feuerfeste Form geben. Jetzt die Fischfilets auf die Zwiebeln legen und mit dem Weißwein begießen, 20 Minuten lang im Backofen garen lassen.
Den Reis mit den Rosinen garkochen, mit Ingwer und Safran abschmecken. Währenddessen die ganzen Tomaten in Öl vorsichtig andünsten, die restlichen Zwiebeln in einer anderen Pfanne goldbraun anbraten. Die Zwiebelscheiben mit Mehl bestäuben, die Tomatenwürfel, das Kräutersträußchen und die Knoblauchzehen dazugeben und kurz aufköcheln lassen. Wenn die Filets gar sind, herausnehmen und warm stellen. Die Kochbrühe der Fischfilets mit der Tomatenmasse vermengen, aufköcheln lassen und abseihen. Die Filets an Reisrand servieren, die ganzen, angedünsteten Tomaten dazugeben, den Fisch mit der Sauce übergießen.

DES
WAGONS - LITS

Tavouk Goüskü/Bulgarische Putenleber
(für 4 Personen)

4 Stück Putenleber
2 Eier
50 g Butter
einige Scheiben Trüffel
Salz und Pfeffer
Mehl
Semmelbrösel

Die Leber salzen und pfeffern, in Mehl, dann in den verquirlten Eiern und zuletzt in Semmelbröseln wenden. Die Butter zerlaufen lassen und die Leber von beiden Seiten bei milder Hitze 10 Minuten ausbacken. Vor dem Auftragen mit den hauchdünnen Trüffelscheiben belegen.

Karin Kobegi/Frauennabel
(für 4 Personen)

175 g Mehl
4 Eier
75 g Butter
¾ l Wasser
500 g Zucker
2 Vanilleschoten
100 g Pistazienkerne
Salz
Olivenöl
1 Zitrone

Die Butter in ein Drittel des gesalzenen Wassers geben und dieses aufkochen. Danach langsam das Mehl einrühren und 5 Minuten köcheln lassen. Den Topf von der Hitze nehmen und abkühlen lassen. Nach und nach die Eier unter den Teig ziehen. Aus dem so entstandenen und abgekühlten Teig kleine Kugeln formen, in deren Mitte man eine Mulde eindrückt. Die Teigstücke in dem Öl ausbacken. Währenddessen das restliche Wasser mit Zitronensaft und Zucker 7 Minuten köcheln lassen und das ausgelöste Vanillemark unterrühren. Die Masse erkalten lassen und dann die heißen Teigstücke darin wenden. Mit Pistazienkernen bestreuen und kalt werden lassen.

← Waggon des Orient-Expresses

Ein Gala-Menü auf bulgarischem Boden

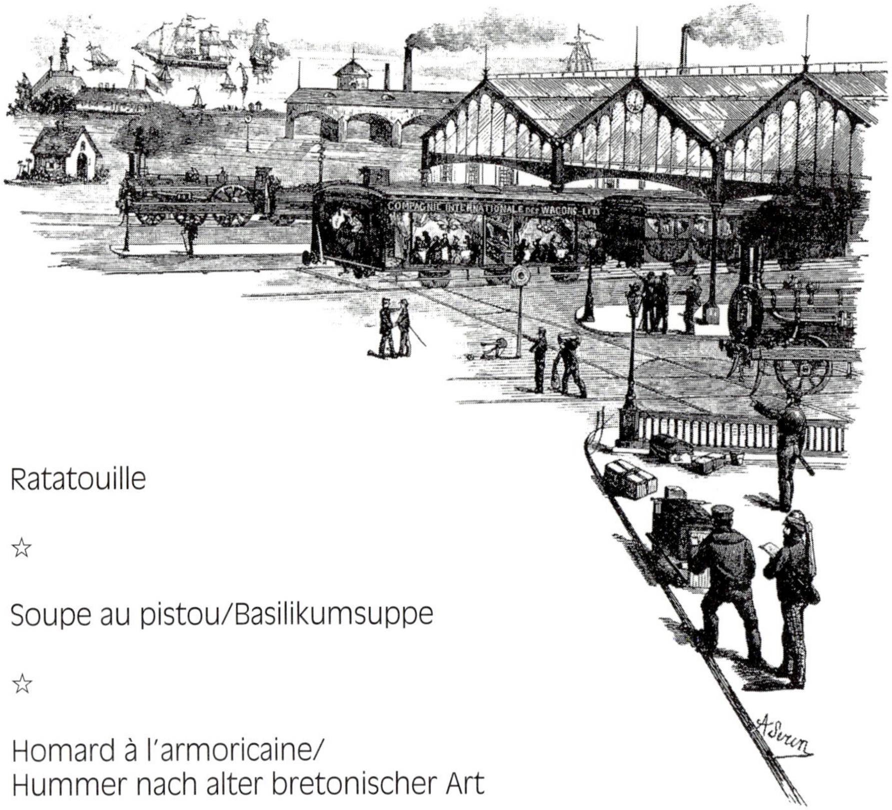

Ratatouille

☆

Soupe au pistou/Basilikumsuppe

☆

Homard à l'armoricaine/
Hummer nach alter bretonischer Art

☆

Fricassée de poulet aux moules/
Hühnerfrikassee auf Muscheln

☆

Clafoutis aux cerises/Kirschauflauf

Ratatouille
(für 4 Personen)

2 Gemüsezwiebeln
4 Fleischtomaten
4 Zucchini
4 Auberginen
3 rote Paprikaschoten
3 grüne Paprikaschoten
2 Knoblauchzehen
1 Bund Thymian
Olivenöl
Salz und Pfeffer

Die Tomaten überbrühen, enthäuten, entkernen und würfeln. Zwiebeln und Knoblauch abziehen und feinhacken. Das restliche Gemüse putzen und in Stücke schneiden. Den Thymian feinhacken. Das Gemüse im heißen Olivenöl anbraten, mit dem Thymian sowie mit Salz und Pfeffer würzen und ca. 20 Minuten lang andünsten. Erkalten lassen und mit einem warmen Baguette servieren.

Soupe au pistou/Basilikumsuppe
(für 4 Personen)

100 g weiße Bohnen
100 g rote Bohnen
200 g grüne Bohnen
2 Kartoffeln
2 Fleischtomaten
2 Knoblauchzehen
1 Sträußchen Basilikum
1 Zwiebel
3 EL Olivenöl
1½ l Wasser
Salz und Pfeffer

Die Tomaten überbrühen, schälen und zusammen mit dem geputzten Gemüse und den geschälten und gewürfelten Kartoffeln in dem gepfefferten und gesalzenem Wasser garkochen. Währenddessen den Knoblauch pressen und das Basilikum feinhacken, zusammen mit dem Olivenöl in einem Mörser zerstoßen. Diese Mischung in je einen tiefen Teller geben und die fertige, heiße Suppe darüber gießen.

Homard à l'armoricaine/ Hummer nach alter bretonischer Art
(für 2 Personen)

2 Hummer von ca. 500 g
2 EL Öl
20 g Butter
2 Zwiebeln
2 zerdrückte Knoblauchzehen
4 Schalotten
6 Tomaten
1 Kräuterbündel
1 EL Estragon
0,5 l Fischfond
Salz und Pfeffer
1 Schuß Cognac
0,2 l Weißwein

Den Hummer in Stücke schneiden. Den Schwanz abdrehen, das grüne Hummermark vom Rücken aus dem Körper nehmen und mit etwas weicher Butter vermischen. Die Stücke in einem Gemisch aus Öl und Butter zusammen mit den feingehackten Zwiebeln und dem zerdrückten Knoblauch andünsten, bis sie sich röten. Die Schalotten feinhacken und beifügen, mit dem Cognac flambieren und dem Weißwein ablöschen. Die Tomaten schälen und entkernen, vierteln und mit dem Kräuterbündel sowie der Hälfte des Estragon und dem Fischfond dazugeben. Mit Salz und Pfeffer abschmecken. Das Ganze zugedeckt 20 Minuten köcheln lassen. Die Stücke dann herausnehmen und warmstellen. Den Fond mit dem Butter-Mark-Gemisch binden und etwa 10 Minuten lang einkochen. Die Sauce über die Hummerstücke gießen, mit dem Rest des frisch gezupften Estragon bestreuen. Dazu eignet sich Reis.

Fricassée de poulet aux moules/ Hühnerfrikassee auf Muscheln
(für 4 Personen)

1 Huhn
100 g Butter, 3 EL Mehl
1 l Geflügelkraftbrühe
1 Kräutersträußchen
1 EL Essig
1 Glas ausgelöste Muscheln

Das Huhn in kleine Teile zerhacken, alles kurz in der Butter anschmoren, mit dem Mehl bestäuben, weiter anbraten und mit der Geflügelkraftbrühe aufgießen. Das Kräutersträußchen mitkochen und mit dem Essig abschmecken. Die Muscheln aus dem Glas nehmen, im eigenen Saft kurz erwärmen und, ohne den Saft, auf einem vorgewärmten Teller mit dem Hühnerfrikassee – den kleinen Hühnerteilen – darüber servieren. Dazu eignen sich kleine Petersilienkartoffeln.

Clafoutis aux cerises/Kirschauflauf
(für 4 Personen)

1 Pfund Kirschen
100 g Zucker, 100 g Mehl
4 Eier, ⅛ l Sahne
1 Gläschen Kirschwasser
15 g Butter
Salz

Die Kirschen waschen und entkernen und in eine innen ausgebutterte Auflaufform legen. Aus den Eiern und dem Zucker einen Schnee schlagen, das Mehl darüberstäuben, das Kirschwasser und die Sahne eingießen und mit wenig Salz abschmecken. Diesen Teig über die Kirschen gießen und bei mittlerer Hitze 50 Minuten backen. Den Kirschauflauf warm servieren.

Orient-Express, Schlafabteil mit Einzel- oder Doppelbett

Elfte Station
Istanbul, Sircesi-Bahnhof, 11.30 Uhr mittags

Der erste Blick auf den Bosporus gilt den Reisenden im Orientexpress als so erregend wie einem Nordlandreisenden der Blick auf das Nordkap bei Sonnenuntergang. Aber den Reisenden im allerersten Zug bereitete er eher eine Enttäuschung. So schrieb ein teilnehmender Journalist: „Der erste Blick war nicht übermäßig. Ein dichtes Geschiebe kleiner, schreiend gelb oder schmutzigrosa verputzter Häuser mit geschlossenen Fensterläden machte keinen grandiosen Eindruck." Nach all den hymnischen Beschreibungen und den leuchtenden Bildern hatte man etwas anderes erwartet. Es war so, wie mit jedem übermäßig verklärten Ziel nach langer, beschwerlicher Reise.

Aber schon nach wenigen Augenblicken, einem Kurswechsel des Schiffes oder einem der jähen Wetterumschläge am Goldenen Horn, waren alle versöhnt. Der Journalist schrieb: „Es war, als hätte sich ein ungeheurer Theatervorhang gehoben, und mit einem Mal hatten wir das wirkliche Konstantinopel vor uns. Die uralte türkische Stadt war in zarte Nebelschleier gehüllt, durch die wir die Moscheen sahen, mit ihren Minaretts wie riesige Altarkerzen … diese Pracht und Schönheit übertraf all unsere Träume."

Wer heute nicht mehr auf Fähren angewiesen ist, sondern mit dem Express auf Schienen nach Istanbul einfährt, dem wird es beim ersten Anblick genauso ergehen. Allerdings wird er – wie es den ersten Reisenden geschah – kaum damit rechnen können, daß der Sultan persönlich, der „Kaiser aller mächtigen Kaiser" ihn bei Top-Hani empfangen wird, um ihm die Schönheit der Stadt zu zeigen. Vielleicht hat er auch keinen rechten Blick für die Stadt, weil er noch weiter will. Beispielsweise vom Kopfbahnhof Haydarpasa auf der gegenüberliegenden Seite des Bosporus aus mit dem Taurus-Express, den schon der – fiktive – kleine belgische Detektiv Hercule Poirot benutzte, nach Aleppo, Bagdad oder Tripolis. Auch dieser Anschluß ins noch größere Ungewisse bestand damals schon, aber ihn benutzten nur die, für die es unumgänglich war.

Ein Problem für die allerersten Reisenden im Orientexpress war die Tatsache, daß es im damaligen Konstantinopel kein angemessenes Hotel und keine empfehlenswerte Restauration gab. Deshalb empfahl ein Reisejournalist, in die Hauptstadt des ottomanischen Reiches ein eigenes Besteck, eine faltbare Badewanne und einen Revolver mitzunehmen. Aber das alles nützte kaum gegen Schafherden, die manchmal im Foyer weideten und den Weg an die Rezeption versperrten. Was blieb also Georges Nagelmackers anderes übrig, als parallel zu seiner Eisenbahngesellschaft die „Compagnie Internationale des Grands Hotels" zu gründen, um selbst Luxushotels für seine Reisenden bauen zu lassen? So entstanden das feudale „Pera Palace" und das formidable „Therapia Summer Palace", in denen der verwöhnte Gast auf sein eigenes Besteck verzichten konnte und auch auf die öltriefenden Speisen der Türken.

Ja, er mußte nicht einmal einen Fuß vor die Tür setzen, wo unbekannte Gefahren und bekannte Unannehmlichkeiten wie Schmutz, Hitze, Gestank und Lärm drohten. Es ist eine kuriose Fußnote der Eisenbahngeschichte am Rande, daß die betuchten Reisenden des Orientexpresses horrende Summen für die Fahrt an einen Zielort ausgaben, den sie überhaupt nicht aufsuchen und möglichst schnell wieder verlassen wollten. Georges Nagelmackers hatte es möglich gemacht.

In der Türkei war es übrigens auch, als im Jahr 1929 der Zug – er heißt in dieser Zeit Simplon-Orient-Express, weil er die Strecke über die Schweiz nimmt, und er hat den alten Orient-Express abgelöst – auf freier Strecke im Schneesturm, mitten in einer auf hundert Kilometer verödeten Steppe, steckenblieb. Die Temperaturen sanken draußen auf minus 25 Grad, drinnen auf minus 10 Grad. Schnee dringt unbarmherzig durch die Fensterritzen. Im Abteil eines Kokainschmugglers, der daraufhin Amok läuft, verbindet sich auf Nimmerwiedersehen der eine Schnee mit dem anderen Schnee; die Frauen eines reisenden Maharadscha erfrieren beinahe, ihr Gatte bietet sein Königreich für Decken! Auch eine heiße Rindfleischbrühe hilft da nur für Minuten. Schon scharen sich die Reisenden hilfesuchend in der Küche zusammen.

Nachdem der Orientexpress volle vierundzwanzig Stunden festsitzt und sich keinerlei Rettungsmaßnahmen abzeichnen, droht eine offene Meuterei mit unabsehbaren Folgen. Der vernünftige Teil der Reisenden, verstärkt durch das Personal, entschließt sich, zu einer lebensgefährlichen Expedition aufzubrechen. Man ist zwar nicht am Nordpol, sondern inmitten des osmanischen Reiches etwa 90 Kilometer vor Istanbul, aber da Wasser und Nahrung knapp werden, muß man einen Tunnel durch den meterhohen Schnee graben, und wer weiß, was jenseits davon auf die Reisenden wartet!

Die Küchenmannschaft, daran gewöhnt, Rettungsdienst für halbverhungerte Reisende zu sein, schafft es schließlich. Man erreicht ein Dorf. Aber bevor es gelingt, den ebenfalls halbverhungerten Einwohnern einen Hammel abzukaufen, droht ein weiterer kleiner Bürgerkrieg – Orientexpressreisende gegen Kümmeltürken – auszubrechen. Die Reisenden werden schließlich den rettenden Zug wieder erreichen, der Hammel nicht – er wird auf dem Rückweg von Wölfen angegriffen und gefressen.

Nach weiteren eingeschneiten Tagen muß die Expedition erneut aufbrechen, denn Hilfe naht keineswegs. Jetzt ist der Maharadscha mit von der Partie. Er bietet den inzwischen bewaffneten Dorfbewohnern ein Goldvermögen für Ei, Huhn, Hammel – und bekommt es. Damit lassen sich die nächsten Tage überleben, auch wenn es inzwischen einen Selbstmordversuch und religiöse Hysterie an Bord gibt. Nach weiteren Dramen ohnegleichen, in einem Orientexpress, in dem es inzwischen nicht mehr die Spur von Luxus gibt, naht draußen eine Rettungsmannschaft. Man ist in der Welt nach geschlagenen fünf Tagen darauf aufmerksam geworden, daß der Orientexpress Verspätung hat. Diese Tatsache beweist schlagend, in welches Abenteuer sich Reisende dieses Zuges von Beginn an stürzten.

Mit insgesamt achttägiger „Verspätung" läuft der Zug schließlich in den Bahnhof von Konstantinopel ein. Einer der Fahrgäste stirbt später an den Folgen seiner Erfrierungen.

Diese Episode blieb nicht die einzige. Gerade auf der Fahrt durch die Türkei kam es immer wieder zu Behinderungen. Einmal führte ein Hochwasser zum Einsturz einer Brücke, ein anderes Mal legte eine Cholera-Epidemie den Orientexpress lahm.

Im Jahr 1891 kam es einhundert Kilometer westlich von Konstantinopel zu einem brutalen Überfall. Unbekannte hatten das Gleiswerk aufgerissen. Der Zugführer versuchte verzweifelt, den Zug zum Halten zu bringen – vergeblich. Die Lok und die ersten Waggons entgleisten. In die umgestürzten Wagen drangen maskierte Banditen ein, plünderten das Gepäck und entführten kurzerhand einige Reisende. Um die Verletzten kümmerten sie sich nicht. Daß sich unter den Geiseln der Koch befand, ist kaum dem Umstand zuzurechnen, daß dessen Kochkünste bis in die hintere Türkei gedrungen war, es war Zufall. Er kam schließlich unversehrt, so wie die anderen Geiseln auch, gegen ein gefordertes Lösegeld in Höhe von 8000 Pfund Sterling, wieder auf freien Fuß, fiel aber für den Rest der Reise – man befand sich auf dem Rückweg von Konstantinopel nach Paris – als Verantwortlicher für die Menüs aus.

Man berichtet von einer reichlich reduzierten Speisekarte während dieser Fahrt, die noch ein langes, diplomatisches Nachspiel hatte und den Blätterwald gewaltig zum Rauschen brachte.

SIMPLON
ORIENT
EXPRESS
سمبلون
الشرق
اكسبريس
COMPAGNIE INTERNATIONALE DES WAGONS-LITS ET DES GRANDS EXPRESS EUROPÉENS
TAURUS
EXPRESS
طوروس
اكسبريس
WILQUIN
J. BARREAU ET Cie PARIS
PRINTED IN FRANCE

Plakat 1930

Türkei à la Carte

Peynirli cep Böregi/ Gefüllte Schafskäsetaschen
(für 4 Personen)

400 g Schafskäse
1 Packung Blätterteig
2 EL Olivenöl
1 Bund Frühlingszwiebeln
1 rote Paprikaschote
1 Peperoni, 2 Tomaten
1 Bund Petersilie
Mehl
1 TL Kreuzkümmel, 1 Prise Cayennepfeffer
1 EL abgeriebene Zitronenschale
2 Eiweiß, Öl
Salz und Pfeffer

Den Blätterteig auf einer mit Mehl bestreuten Arbeitsfläche legen und jeweils 6 cm große Quadrate ausschneiden. Die Frühlingszwiebeln und die Paprikaschote putzen, in Streifen schneiden und in das erhitzte Olivenöl legen, kurz andünsten. Die Peperoni feinhacken und ebenfalls kurz mitdünsten. Das Ganze von der Hitze nehmen und kalt werden lassen. Die Tomaten überbrühen, enthäuten und entkernen, ebenfalls wie den Schafskäse in Würfel schneiden und mit der feingehackten Petersilie in das Gemüse einmischen. Die Füllung mit Kreuzkümmel, Cayennepfeffer, Zitronenschale, Salz und Pfeffer kräftig würzen. Jetzt die Füllung auf den Blätterteig verteilen, das Eiweiß schlagen und die Ränder der Teigtaschen damit einstreichen, den Teig zu Taschen zusammenfalten. Die Schafskäsetaschen im Olivenöl goldgelb ausbacken. Dazu einen eiskalten Raki servieren.

Pisirilmis Levrek Baligi/Gebackene Barsche
(für 4 Personen)

4 Barsche von je 400 g
½ Bund Petersilie
½ Bund Dill
250 g Mehl
2 Eier
1 EL geriebene Zitronenschale
4 EL gehackte Petersilie
2 Zitronen
⅛ l Milch
1 Prise Muskat
1 Prise Zucker
Olivenöl
Essig
Salz und Pfeffer

Die Fische ausnehmen und säubern, anschließend trockentupfen. Petersilie und Dill verlesen und in die Barsche füllen. Die Fische mit Zitronensaft und Essig beträufeln, salzen und pfeffern und 20 Minuten lang kalt stellen. Währenddessen das Mehl in eine Schüssel streuen, mit den Eigelben und der Milch sorgsam zu einem Teig verrühren, der anschließend mit Muskat, Zucker, der abgeriebenen Zitronenschale, Salz und Pfeffer gewürzt und mit der gehackten Petersilie verfeinert wird. Das Eiweiß steif schlagen und unter den Teig heben. Jetzt die Barsche durch diesen Teig ziehen. Das Olivenöl in einer tiefen Pfanne erhitzen und die Fische darin goldgelb ausbacken. Mit den Achteln der zweiten Zitrone garnieren und servieren.

Türk Pilav/Türkischer Pilaw
(für 4 Personen)

4 Hähnchenbrüste
4 EL Olivenöl
250 g Reis
125 g Rosinen
½ l Hühnerbrühe
0,2 g Safran
2 Gemüsezwiebeln
3 kleine rote Paprikaschoten
Ingwerpulver
Salz und Pfeffer

Die Hähnchenbrustfilets säubern und würfeln. Die Zwiebeln abziehen und feinhacken, die rote Paprika entkernen und würfeln. Das Olivenöl heiß werden lassen, die Hähnchenbrüste darin zu beiden Seiten anbraten, dann Zwiebeln und Paprika mitbraten. Nach und nach die Rosinen und den Reis unterrühren. Dann die Hühnerbrühe eingießen und mit Salz, Pfeffer, Ingwerpulver und Safran würzen. Das Ganze zugedeckt etwa eine halbe Stunde lang bei schwacher Hitze köcheln lassen.

Zwei Beispiele für Menüs der exquisiten Speisekarte dieses Zuges. Zuerst bei der Fahrt des Jubiläumszuges 1983, unter der Ägide von Chefkoch Max Kehl, einem der drei besten Schweizer Köche:

1. Terrine au poivre vert
2. Saltimboca romana avec Risotto
3. Tarte Grand Marnier
4. Fromages
5. Fruits, Café, Cognac

Ein weiteres, eher ausuferndes Beispiel, diesmal auf einer Fahrt im Jahr 1988 zwischen Belgrad und Subotica. Als Schöpfer der lukullischen Kunstwerke zeichneten diesmal Küchenmeister Fredy Oetterli und Beat Guggenbühler, sowie der Chef de la Brigade Franz Stainhauser und der Maitre d'Hotel Urs Auckenthaler:

1. Le saumon fumé „Balik“,
   Le toast et le beurre
2. L´oxtail clair au Martell
3. La Salade Mimosa
4. Le gigot d´agneau provencale
5. Le gratin Dauphinois
6. Les haricots berts au beurre
7. Le plateau de fromages, pains et beurre
8. La tourte Zougoise
9. Le café à discrétion

Pullman Car No. 8 „Monroe-Wagen“ →

Ein Gala-Menü auf türkischem Boden

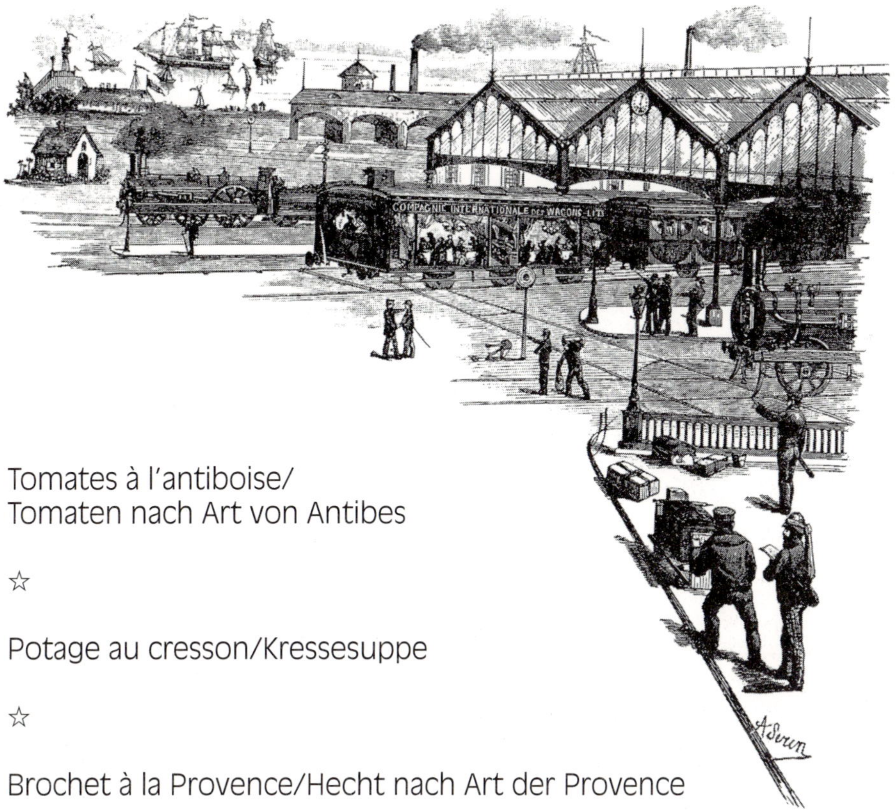

Tomates à l'antiboise/
Tomaten nach Art von Antibes

☆

Potage au cresson/Kressesuppe

☆

Brochet à la Provence/Hecht nach Art der Provence

☆

Chateau bleu

☆

Limon dondurmali bisküvi/
Gebackene Joghurtplätzchen mit Zitroneneis

Tomates à l'antiboise/ Tomaten nach Art von Antibes
(pro Person)

1 große Fleischtomate
Thunfisch
1 Ei
1 Sardellenfilet
1 TL Kapern
Mayonnaise
je 1 TL Rosmarin und Majoranblättchen

Die Fleischtomate aushöhlen und entkernen, die ausgehobene Tomatenmasse kleinhacken, mit einer Mischung aus dem Thunfisch, kleingehacktem, harten Ei, dem Sardellenfilet, den Kapern und der Mayonnaise füllen. Mit Rosmarin und Majoran würzen und kalt servieren. Dazu eignen sich ein Baguette und ein kalter Roséwein aus der Provence.

Potage au cresson/Kressesuppe
(für 4 Personen)

1 Bund Kresse
2 Kartoffeln
4 EL Sahne
Salz und Pfeffer

Die Kresse säubern und waschen. Die Kartoffeln schälen und würfeln und in 1½ l Wasser geben, das gesalzen und gepfeffert wird. Etwa zwei Drittel der Kresse dazugeben und die Kartoffeln garkochen lassen. Danach den Rest der Kresse einlegen. Die Suppe von der Hitze nehmen und durch den Gemüsewolf passieren. Servieren und mit der süßen Sahne verfeinern.

Brochet à la Provence/Hecht à la Provence
(für 4 Personen)

4 fingerdicke Scheiben vom Hecht
50 g Butter
2 Schalotten
⅛ l Rotwein
1 Prise Thymian
15 Kapern
2 Sardellenfilets
Salz und Pfeffer

Die Scheiben vom Hecht in der Butter von beiden Seiten anbraten, aus der Pfanne nehmen, dezent salzen und pfeffern und warm stellen. In dem Fett die kleingehackten Schalotten andünsten und mit dem Rotwein aufgießen. Etwas einköcheln lassen. Die entstandene Sauce mit Thymian und den kleingehackten Kapern und dem sehr fein gehackten Sardellenfilets abschmecken. Die Scheiben vom Hecht wieder in die Pfanne legen und noch etwa 10 Minuten ziehen lassen. Dazu eignet sich Reis und ein gut gekühlter, sehr trockener Weißwein.

Chateau bleu
(pro Person)

Für das Fleisch:
1 Rinderfilet
1 EL Olivenöl
1 EL Butter

Für die Sauce:
1/8 l Weißwein
2 EL Fleischfond
1 EL Sahne
Butterflöckchen
1 EL Petersilie

Zubereitung des Fleisches:
Das Rinderfilet in einer plat-à-sauter, einer halbhohen Kupferpfanne mit massivem, gut wärmeleitendem Boden, in der Öl-Butter-Mischung bei großer Hitze schnell von beiden Seiten anbraten. Innen bleibt das Rinderfilet bläulich-rot, blutig und kühl.

Zubereitung der Sauce:
Der Bratfond des Rinderfilets wird mit dem Weißwein abgelöscht und mit der Sahne verfeinert. Die Sauce so lange einköcheln, bis sie cremig und glänzend ist. Ganz zum Schluß mit dem Schneebesen einige eisgekühlte Butterflöckchen einarbeiten. Mit feingehackter, glattblättriger Petersilie bestreuen und zusammen mit dem Fleisch servieren.

Limon dondurmali bisküvi/ Gebackene Joghurtplätzchen mit Zitroneneis
(für 4 Personen)

75 g Zucker
400 g Joghurt
1 EL geriebene Zitronenschale
2 Eier
100 g Mehl
1/2 TL Backpulver
4 Portionen Schlagsahne
4 Portionen Zitroneneis
4 EL Pistazienkerne
1 Schuß Cognac
1/2 Bund Zitronenmelisse
Olivenöl

Die Eier mit dem Joghurt in einer Schüssel verschlagen, mit Zucker und Zitronenschale verrühren. Das Backpulver mit dem Mehl vermischen und in die Joghurtmasse einarbeiten, den Schuß Cognac einschwenken. Die Portionen Joghurtplätzchen in heißem Olivenöl goldgelb ausbacken. Je eine Portion Joghurtplätzchen und Zitroneneis auf Desserteller geben und mit der geschlagenen Sahne anrichten, mit Pistazienkernen bestreuen und der Zitronenmelisse garnieren.

Menüs und Morde im Orientexpress
Der Luxuszug in Literatur und Film

Etliche Male hat der Orientexpress die Schriftsteller und Autoren zu Werken angeregt. Als Motiv spielt er in der Literaturgeschichte eine beachtliche Rolle. Einer der schönsten Romane rund um den Zug ist Graham Greenes im Jahr 1950 erschienener „Orientexpress". Pierre-Jean Remy veröffentlichte 1979 in Paris einen Roman gleichen Titels. Der sicher berühmteste Roman mit dem Orientexpress ist hingegen Agatha Christies „Murder in the Orient Express", der im Jahr 1933 in England erschien. Eine kurze Zusammenfassung dieses Werkes:

Um fünf Uhr morgens steigen auf dem Bahnhof von Aleppo mehrere Personen in den „Taurus-Express" ein. Einer von ihnen ist der belgische Detektiv Hercule Poirot, der aus Syrien kommt. Unter den Fahrgästen befinden sich auch die junge Erzieherin Mary Debenham und der Oberst der britischen Armee in Indien, Mr. Arbuthnot. Man frühstückt im Speisewagen. Als der Zug in Istanbul ankommt, begibt sich Poirot ins Tokatlian-Hotel, um auszuschlafen.

Abends im Hotel lernen sich andere Fahrgäste kennen. Poirot wird nach Paris zurückgerufen und trifft den Betreiber der Zuggesellschaft, der ihm behilflich ist, einen Schlafwagenplatz zu ergattern. Im Zug lernt er den Amerikaner Ratchett kennen, der behauptet, in Gefahr zu sein. Im „Simplon-Orient-Express" geht nun die Reise von Ost nach West, von Istanbul nach Paris, bzw. London.

Als man in Belgrad hält, schneit es. Der Zug fährt weiter und die Reisenden begeben sich zur Ruhe. Um dreiundzwanzig Minuten vor Eins in der Nacht wird Poirot durch einen Ruck, einen Schrei und das Klingeln der Nachtglocke aufgeweckt. Der Zug steht in einer Schneewehe zwischen Vincovci und Brod und der Nachtschaffner eilt ratlos durch die Gänge.

Am nächsten Morgen liegt Mr. Ratchett, von zwölf Messerstichen durchbohrt, tot in seinem Bett und der anwesende Arzt notiert als Todeszeit Ein Uhr nachts.

Hercule Poirot macht sich an die Arbeit. Es ist ein Fall, wie er ihn liebt – je mysteriöser, desto besser. Begrenzter äußerer Raum (der stillstehende Zug), die Verdächtigen sind anwesend, Ratchetts Zugabteil war von innen verriegelt – ja, sogar der Mörder kann den Zug nicht verlassen haben, denn die Schneedecke ringsherum zeigt keine Fußspuren.

Der Tote entpuppt sich als der berüchtigte amerikanische Kindesentführer Cassetti, der in einem aufsehenerregenden Fall die Tochter des reichen englischen Vizekonsuls, die dreijährige Daisy Armstrong ermordete. Durch die Erpressungssummen selbst schwerreich, reiste er nun rastlos – und auf ständiger Flucht vor Behörden und Verwandten der Opfer – um den Erdball.

Der Speisewagen wird nun zum Zentrum einer improvisierten Vernehmungszentrale, in der Hercule Poirot brilliert. War der Speisewaggon im Orientexpress schon immer das Herz dieses Zuges, so ist er nun auch sein Kopf. Bei Agatha Christie (Übertragung Elisabeth van Bebber) liest sich das so:

„Im Speisewagen war alles vorbereitet. Poirot und Mr. Couc nahmen nebeneinander an einem der großen Tische Platz, während der Arzt sich an der Schmalseite niederließ. Vor Poirot lag ein

Plan des Wagens Istanbul-Calais, auf dem in roter Tinte die Namen der Passagiere eingezeichnet waren, und daneben ein kleiner Stapel Pässe und Fahrkarten. Auch Schreibpapier, Tinte, Federhalter und Bleistifte fehlten nicht."
„Bravo, mon cher", lobte Poirot. „Nun können wir ungesäumt mit dem Verhör beginnen."
Es entspricht einer erzählerischen Finesse Agatha Christies, daß sie den unglückseligen Zug von Istanbul nach Calais, also von Ost nach West fahren läßt. Der Mordzug fährt damit praktisch entgegengesetzt zu der Reiserichtung, für die er gegründet wurde, nämlich, um vermögende Reisende aus Mitteleuropa in den geheimnisvollen Balkan und weiter in den Vorderen Orient zu entführen. Nur auf dieser Route wird anscheinend die Reise zum glamourösen Erlebnis, auf der Rückfahrt lernt man die Schattenseiten kennen (daß der Zug auf der Rückreise eigentlich Okzident-Express heißen müßte, interessierte weder Nagelmackers noch Christie besonders).

Die dreizehn (!) Fahrgäste im Waggon vor dem Speisewagen sind – oder waren – in der Reihenfolge der Abteile: Der amerikanische Detektiv Masterman, der Italiener Foscarelli, Hector MacQueen, Sekretär bei Ratchett, die Deutsche Hildegard Schmidt, die Schwedin Greta Ohlsson, Mary Debenham, Ratchett, Mrs. Hubbard, Gräfin Andrenyi, Graf Andrenyi, Prinzessin Dragomiroff, Oberst Arbuthnot. Dazu kommen Poirot und der Bedienstete Hardman.
Nach und nach werden diese dreizehn Passagiere des infragekommenden Waggons verhört, dazu noch zwei Bedienstete. Poirot setzt ein Puzzle zusammen. Und immer deutlicher kristallisiert sich das Überraschende heraus: die Tat wurde von allen Fahrgästen gemeinsam begangen, denn alle hatten mit dem Fall des entführten Armstrong-Kindes zu tun und schworen Rache.

Der Roman wurde ebenso wie Graham Greenes Stoff auch verfilmt. Sidney Lumet wagte sich im Jahr 1974 an das Werk. Er hatte eine Galabesetzung zur Verfügung: Albert Finney (Poirot), Lauren Bacall (Mrs. Hubbard), Martin Balsam (Bianchi), Ingrid Bergman (Greta), Jacqueline Bisset (Gräfin), Wendy Hiller (Prinzessin Dragomiroff), Sean Connery (Arbuthnot), Anthony Perkins (McQueen), Richard Widmark (Ratchett), Jean-Pierre Cassel (Pierre Paul Michel), John Gielgud (Beddoes), Vanessa Redgrave (Mary Debenham).
Als der Zug auf dem Balkan in den Schneewehen steckenbleibt und Mr. Ratchett mit zwölf Messerstichen tot im Abteil liegt, versuchen die exklusiven Fahrgäste, die angespannte Situation durch Essen und Trinken zu neutralisieren. Ein imposanter Koch in vollem Ornat bereitet im Pullman-Speisewagen, an einzelnen Tischen (!) die leckersten Speisen zu, Mr. Beddoes sinniert über seinem exorbitanten Haschee. Inzwischen nähert sich der Oberkellner einer distinguierten alten Dame in Schwarz, die geduldig zu warten geruht. „Was nehmen Sie zum Abendessen, Hoheit?" Hoheit: „Sie werden die Güte haben, mir die pochierte Seezunge zu servieren, mit einer neuen Kartoffel und einer winzigen Portion Salat, ohne Dresse ..." Hercule Poirot fragt neugierig einen Kellner: „Wer ist denn diese majestätische Dame?" Kellner: „Die Prinzessin Dragomiroff." Daraufhin schlürft Poirot nachdenklich seinen giftgrünen Cocktail aus.

An dieser und auch an anderen Stellen ironisiert also der Film durch die optische Verwendung von Szenen im Speisewagen die handelnden Charaktere. Und der Speisewagen wird auch hier zum Herzstück des Zuges, weil er die spintisierenden Reisenden sozusagen vom Kopf auf die Füße stellt: an ihren Speisegewohnheiten sind sie zu erkennen.

Dieser Aspekt trifft auch auf einen anderen Film zu, in dem der Orientexpress eine zentrale Rolle spielt. Die Rede ist von Alfred Hitchcocks „Eine Dame verschwindet" (The Lady vanishes, 1938).

In diesem Spionagethriller lernt die junge Iris Henderson bei einem schneebedingten Zugstopp auf dem Balkan (Christie-Motiv) die alte Dame Miss Froy kennen. Als die Fahrt im Orientexpress endlich weitergeht, verschwindet Miss Froy plötzlich. Niemand kann sich an sie erinnern. Schließlich kann Iris doch den Musikforscher Gilbert überzeugen, gemeinsam nach Miss Froy zu suchen. Das Paar kommt undurchsichtigen Geheimnissen auf die Spur, und am Ende steht neben der Aufdeckung eines Spionageringes noch ein Happy-End.

In diesem Film, der zwei Jahre vor Hitchcocks Weggang nach Hollywood entstand, gibt es viele Szenen, die im Speisewagen spielen. Und das lag nicht nur daran, daß der Regisseur ein bekannter, ja berüchtigter Gourmet war, sondern auch daran, daß der Speisewagen in einem Orientexpress stets Herz, Hirn und Magen war.

Im Speisewaggon des Zuges gibt es in diesem Film deshalb typischerweise das einzige Zeugnis von der Existenz der verschwundenen Miss Froy. Die alte Dame hat hier, kurz bevor sie verschwand, ihren Namen auf das beschlagene Fenster gemalt, um Iris Henderson seine Schreibweise zu erläutern. In den Speisewagen kehren alle Personen der Handlung immer wieder zurück. Später wird von hier aus sogar der Zug gegen äußere Überfälle verteidigt werden. Der Speisewagen als „Bauch" des Zuges und dramatischer Mittelpunkt in einem Film, der ein Motiv-Panoptikum des Essens und Trinkens ist. So sinnenfroh erfaßte Mr. Hitchcock die materielle Bedeutung dieses legendären Zuges.

Andere Filme nutzten das sinnenanregende Ambiente des Zuges, in dem das Abenteuer, der Kriminalfall oder das glamouröse Ereignis zu Hause zu sein schienen. Aus der Fülle der Filme seit den 20er Jahren bis heute ragen hinsichtlich der optischen Zitate des Orientexpresses heraus:

1. „Orientexpress", Deutschland 1944, R: Viktor Tourjansky

2. „Orientexpress" (Orientexpress/ Entscheidung in der Weihnachtsnacht), I/F/BRD 1954, R: Carlo L. Bragaglia

3. „Liebesgrüße aus Moskau" (From Russia with Love), E 1963, R: Terence Young

4. „Agatha", E 1976, R: Michael Adepted

5. „Kein Koks für Sherlock Holmes", USA 1979, R: Herbert Ross

Vor der Ankunft

Im ersten Jahr 1883 dauerte die Fahrt mit dem Orientexpress von Paris via Belgrad nach Konstantinopel noch 80 Stunden, also dreieinhalb Tage; in den Jahren 1902–1914 knapp mehr als 63 Stunden, also fast drei volle Tage. Man hatte also ausreichend Zeit und Gelegenheit, genüßlich zu speisen. Ja, die Mahlzeiten waren eigentlich das einzige, das die anstrengende und eintönige Fahrt lustvoll unterbrach. Und obwohl der Zug eigentlich für Geschäftsleute und hochgestellte Personen eingerichtet worden war, nahmen diese die lange Fahrt – mit allen damals noch einzukalkulierenden Umwegen und Gefahren – in Kauf. Denn die Fahrt im Orientexpress war zumindest in puncto Luxus und Lebensstil ein einmaliges Ereignis, von dem sich danach trefflich erzählen ließ.

Die alten Orient-Expresszüge gibt es heute nicht mehr. Es gibt nur noch Teile, die die CIWL in Paris liebevoll pflegt und kontrolliert. Der Zug insgesamt hat die Schlacht gegen die Politik und gegen verkehrstechnische Veränderungen verloren. Seine Demontage geschah stückweise.

Nach dem Zweiten Weltkrieg, als der Kalte Krieg und das Aufkommen des Flugzeugs als Mittel des Massentourismus die Welt veränderten, wurde der Orientexpress zurechtgestutzt. Der klassische „Orient-Express" behielt zwar noch seinen Namen, fährt jedoch höchstens noch bis Bukarest. Der „Simplon-Orient-Express" heißt ab 1961 wieder schlicht „Simplon-Express", denn er fährt zwar noch durch den Simplon-Tunnel, aber nur noch bis Mailand weiter, wo sich Kurswagen bis Belgrad oder Neapel anschließen. Und auch der „Arlberg-Orient-Express" verliert seit 1962 seinen Titel „Orient" aus dem Namen, er fährt nicht einmal mehr in den Balkan, geschweige denn in den Orient. Daß alle diese Züge auch erhebliche Einbußen im Komfort hinnehmen mußten, erscheint fast selbstverständlich.

Insgesamt muß gesagt werden, daß die unterschiedlichen Züge zwar noch auf den alten Strecken fahren, die der Orient-Express benutzte, daß sie aber gewöhnliche Beförderungsmittel auf Schienen geworden sind. Und in ihnen regiert das Personal von national sehr unterschiedlichen Schlaf- und Speisewagengesellschaften.

Schließlich wurde auch der letzte der durchgehend von Paris nach Istanbul fahrenden Züge, der „Direct-Orient-Express", im Jahr 1977 eingestellt. Der Zug, der heute noch Orient-Express heißt, geht von Paris über Straßburg, Stuttgart, München, Salzburg nach Wien und weiter nach Budapest und Bukarest. Wer will, kann dort nach Istanbul umsteigen. Aber auch dieser Zug ist eine gewöhnliche, transeuropäische Verbindung mit dem üblichen, gerade noch akzeptablen Angebot an Komfort und Speisekarten.

Es ist verständlich und auch erfreulich, daß es aufgrund dieser Entwürdigung der klassischen Orient-Express-Züge zu einer Gegenbewegung kam und die schon mehrfach genannten Nostalgie-Luxuszüge ins Leben gerufen wurden. Zwar lassen sich diese kaum als fahrplanmäßige Verbindungen von London und Paris nach Süden ansehen, sondern als Business-Züge für Begüterte oder als Luxus-Spielzeug für Hochzeitsreisende, aber das war ja bei den klassischen Orient-Expressen auch nicht viel anders. Für die Nostalgie-Züge mit ihren wechselnden Fahrplänen wurden zwar einige der alten Originalwagen durch die „Compagnie Internationale des Wagon-Lits et du Tourisme" kostenintensiv und liebevoll restauriert, aber der Rest des Wagenparks ist längst verschrottet worden oder führt irgendwo auf der Welt ein unerkanntes Dasein. Hin und wieder kann ein Reisender das Glücksmoment erleben, einem der alten Speisewagen zu begegnen, allerdings meist bis zur Unkenntlichkeit modernisiert und mit dem nüchternen Angebot von heute ausgestattet.

Das klassische Zeitalter des Reisens um des Reisens willen scheint vorbei. Heute reist man nicht mehr – man kommt nur noch an. Die Zeit ist, trotz aller nostalgischer Versuche dem entgegenzusteuern, über die Luxuszüge hinweggerollt. Aber dem Verkehr auf Schienen gehört dennoch die Zukunft. Und warum die gute Küche, wenigstens in moderner Ausprägung, nicht an Bord der Schnellverbindungen zurückkehren kann, ist nicht einzusehen.

Freilich niemals mehr, in keinem Zug und schon gar nicht in den modernen Schnellzügen, wird man jenen Ruf des Oberkellners, des „Maitre d'Hotel" aus dem Orientexpress hören. Seine legendäre Aufforderung, zu Tisch zu kommen, rief jedesmal einen kollektiven Stoßseufzer der Reisenden hervor. Sein Ruf ist verhallt, dieses: „Premier Service! Le diner est servi! Premier diner! ..."

Sei es drum! Aber auf unsere schon einmal erwähnte gewöhnliche Mahlzeit, jene „Roast Leg of Lamb and Mint Sauce, with Vegetables and Potatoes", die eine gewöhnliche Speisekarte in einem der gewöhnlichen Express-Züge von heute anböte, sollten wir doch zukünftig auf keinen Fall verzichten!

Rezeptregister

Abalonensuppe, klare Walliser 54
Austern, pochierte in Sahne und Champagner 50
Barsche, gebackene 132
Basilikumsuppe 125
Borschtsch 121
Bucatini in scharfer Sauce 74
Carpaccio 67
Cassolettes von Langustinen 69
Chateau bleu 137
Coupe Jacques 62
Coupes montaigu 109
Crêpes caviar 37
Dillsuppe, gebundene 44
Ente mit Orange 34
Ente nach rumänischer Art 102
Entenleber in Marsalawein auf Ackersalat 54
Fasan im Topf 62
Filetspitzen à la Stroganoff 95
Fisch mit Tomaten 121
Fischsuppe französischer Art 59
Forelle blau 116
Frauennabel 123
Frühlingssuppe 94
Gänselebermedaillons 44
Griebenpogatschen 92
Grießpudding mit Himbeersauce 46
Grießschnitten 103
Gulasch, Szekeler 92
Gurkencremesuppe 37
Hähnchen in Wein, Burgunder Art 50
Hecht à la Provence 136
Hecht, gespickter mit Gemüse 80
Huhn mit Salbei an Reisrand 74
Hühnerfrikassee auf Muscheln 126
Hummer nach alter bretonischer Art 126
Jakobsmuscheln mit Estragon 33
Joghurtplätzchen, gebackene 137
Kalbfleisch, gedünstetes in Rotwein an Kartoffelgratin 39
Kalbfleisch, geschnetzeltes Zürcher Art mit Berner Rösti 55
Kalbsschnitzel mit Salbei 69
Kaninchen-Kasserolle 107
Karpfen, Rumänischer 102
Kartoffelpuffer „Demidoff" 48
Käseomelette 33
Käsesuppe, Kitzbühler 80
Kaviar im Schlafrock 59
Kaviar, serbische Art 112
Kirschtorte, Zuger 57
Krebsauflauf, heißer Tessiner Art 56
Kressesuppe 136
Lammhoden, gebratene 112
Lauch vinaigrette 85
Linsen, Cremesuppe von 23
Melone alla Marsala 70
Minestrone 72
Mockturtlesuppe 48
Morcheln nach Lyoner Art 94
Mousse au chocolat 117
Muscheln, gefüllte 115
Muschelsuppe 85
Napfkuchen mit Rum 96
Nieren nach Art von Burgund 117
Nockerln, Salzburger Art 87
Petersfisch an Sauerampfer 107
Pfirsich Melba 29
Pilaw, Türkischer 133
Pilzsuppe 67
Profiteroles 35
Putenleber, Bulgarische 123
Ratatouille 125
Rehfleischsuppe mit Estragon 90
Reisfleisch, serbisches 113
Rinderfilet nach Art des Perigord 86
Roastbeef mit Yorkshire-Pudding 28
Rochen in brauner Butter 95

Schafskäsetaschen, gefüllte 132
Schellfischfilets mit brauner Butter 23
Schinkensteak mit Rosenkohl, Blumenkohlröschen in Sauce Mornay und Kartoffeln in sautierter Petersiliensauce 27
Schnecken, sautierte in Weißwein 72
Seezunge, pochierte 38
Seezungenfilet, Wiener 86
Souffle au Grand Marnier 40
Spargel mit Sauce vinaigrette 106
Steak an Rindfleischragout in Blätterteig 24
Steinbutt mit Basilikumsauce 45
Stilton-Käse 24
Suppe a la Anjou 106
Suppentopf, Pariser 115
Tafelspitz, Wiener 82
Tellerfleisch, Münchener an Meerrettich 46
Tirami su 75
Tomaten nach Art von Antibes 136
Tomatencremesuppe 27
Torte Tartin 51
Wachteln im Sarkophag 60
Zander nach Bakonyer Art 90
Ziegenmilch-Joghurt, serbischer 113
Zwetschgenbavesen 83

Quellennachweis der Abbildungen

Titelseite und Seiten 5, 61, 77, 105, 131 – „© Wagon-Lits Diffusion 1997" und „die Marken Compagnie des Wagon-Lits ®, PLM/Paris-Lyon-Mediterranee ® und alle damit verbundenen Logos sind geschützte Markenzeichen der Gruppe Accor"

Seiten 8, 26, 34, 53, 68, 81, 100, 108, 122, 127 – © Reisebüro Mittelthurgau, CH-8570 Weinfelden

Seiten 12, 25, 36, 47, 58, 71, 84, 93, 104, 114, 116, 124, 135 – Photo Deutsches Museum München; „© Wagon-Lits Diffusion 1997" und „die Marken Compagnie des Wagon-Lits ®, PLM/Paris-Lyon-Mediterranee ® und alle damit verbundenen Logos sind geschützte Markenzeichen der Gruppe Accor"

Seiten 14, 16, 21, 41, 43, 56, 63, 79, 91, 134 – Photo Deutsches Museum München

Seite 49 – Sammlung Jürgen Klein, „© Wagon-Lits Diffusion 1997" und „die Marken Compagnie des Wagon-Lits ®, PLM/Paris-Lyon-Mediterranee ® und alle damit verbundenen Logos sind geschützte Markenzeichen der Gruppe Accor"

Seiten 31, 73 – © Scholz/BAVARIA

Seiten 64/65, 87 – © Archiv/INTERFOTO